復習テスト(1) 読み

月　日

時間 20分【はやい15分・おそい25分】
合格 80点(一つ4点)
得点　点

1 ――線の漢字の読み方を書きなさい。

(1) 探検に出かける。( )
(2) 指針を説明する。( )
(3) ものの価値。( )
(4) 並木道を歩く。( )
(5) ビルが乱立する。( )
(6) 声域が広い。( )
(7) 看過できない問題。( )
(8) 深刻な問題だ。( )

2 ――線の漢字の読み方を書きなさい。

(1) 就職を祝う。( )
(2) 処分を決める。( )
(3) これは専門分野だ。( )
(4) 観衆が多い。( )
(5) 痛快な話だ。( )
(6) 合否を知る。( )
(7) 会社の規模が大きい。( )
(8) 意欲がある。( )

3 ――線の漢字の読み方を書きなさい。

(1) 家の系図。( )
(2) 車窓の風景を見る。( )
(3) 政権政党。( )
(4) 自我の成長。( )
(5) 土砂を取り除く。( )
(6) 若干名を採用する。( )
(7) 傷口が痛む。( )
(8) 砂糖と卵白を混ぜる。( )( )

復習テスト(2) 書き

月　日

時間 20分【はやい15分・おそい25分】

合格 80点（一つ4点）

得点　点

1 次の漢字を書きなさい。

(1) □□《なっとく》する。

(2) ここが山の□□《ちょうじょう》だ。

(3) □□《かたみち》電車。

(4) □□《どうめい》関係。

(5) □□《ひょうり》一体をなす。

(6) □□《えんちょう》戦に入る。

(7) □□《はで》な店の□□《かんばん》。

(8) □□《きんべん》な人。

2 次の漢字を書きなさい。

(1) 今月の□□《こうすい》量。

(2) □《かいこ》を飼う。

(3) □□《じょや》の鐘《かね》。

(4) 笛の□□《えんそう》。

(5) □□《たんじょう》日を祝う。

(6) □□□《てんらんかい》に行く。

(7) □□《せいだい》な宴会《えんかい》。

(8) □□《りんじ》停車。

3 次の漢字を書きなさい。

(1) 栄養を□□《ほきゅう》する。

(2) 技術□□《かくしん》。

(3) 父と□《げき》を見《み》る。

(4) 寺社□□《ぶっかく》をめぐる。

(5) □□《ししゃ》五入して答える。

(6) □□《しょうらい》の夢を語る。

(7) 開会□□《せんげん》をする。

(8) □□《ひぞう》の酒。

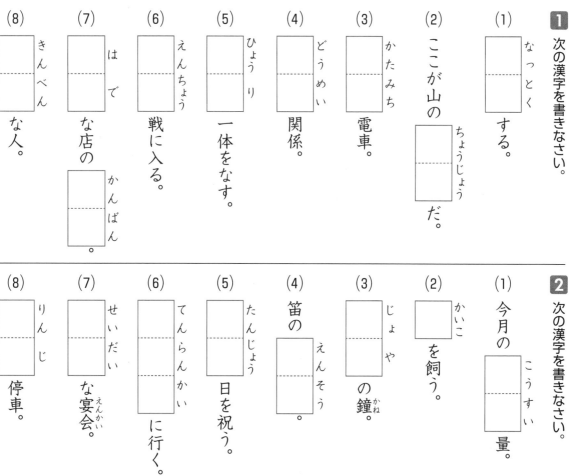

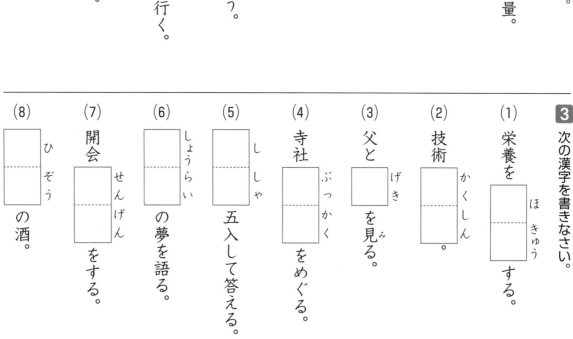

2日 復習テスト(3) 読み

月　日

時間 20分 【はやい15分・おそい25分】
合格 80点 (一つ4点)
得点　点

1 ――線の漢字の読み方を書きなさい。

(1) 本を復唱する。
(2) 険悪な雰《ふん》囲《い》気《き》になる。
(3) 過激な発言だ。
(4) 感激する。
(5) 縦横に活躍《かつやく》する。
(6) 寒暖の差が激しい。
(7) 創業して百年。
(8) 操業中止を決める。

2 ――線の漢字の読み方を書きなさい。

(1) 個展を開く。
(2) 動物を愛護する。
(3) 正確に検査する。
(4) 資格を取る。
(5) さらに技術をみがく。
(6) 精根つきる。
(7) 海外へ留学する。
(8) 因果関係を調べる。

3 ――線の漢字の読み方を書きなさい。

(1) 快挙を達成する。
(2) 今後の進退を考える。
(3) 新しい規則を定める。
(4) 清潔な部屋。
(5) 講義を静かにきく。
(6) 質素な生活を送る。
(7) 業績を伸《の》ばす。
(8) 会議で提案する。

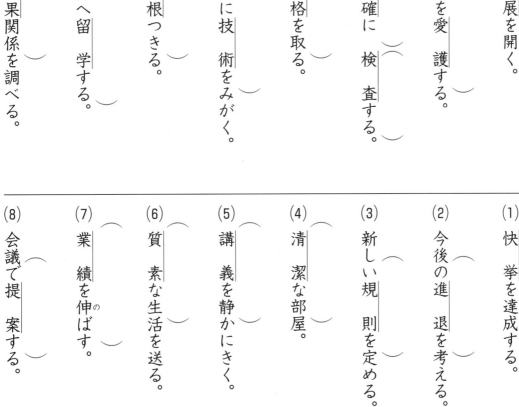

復習テスト(4) 書き

月　日

時間 20分 【はやい15分・おそい25分】
合格 80点 (一つ4点)
得点　点

1 次の漢字を書きなさい。

(1) 銀行にお金を□《あず》ける。
(2) 日が□《く》れる。
(3) しっぽを□《ま》いてにげる。
(4) □《さら》を洗う。
(5) 足りない物を□《おぎな》う。
(6) 試合が□《す》む。
(7) 少年が□《ふえ》をふく。
(8) 人形を□《あやつ》る。

2 次の漢字を書きなさい。

(1) 生き□《の》びる。
(2) 時を□《きざ》む音が聞こえる。
(3) □《おごそ》かな式典。
(4) ごみ□《ばこ》を置く。
(5) □《むずか》しいテスト。
(6) せりふを□《わす》れる。
(7) 水が□《ほ》しい。
(8) 頭痛が□《おさ》まる。

3 次の漢字を書きなさい。

(1) 花を□《たば》ねる。
(2) 音楽を□《かな》でる。
(3) □《さくら》の花と□《うめ》の花。
(4) 幕を□《た》らす。
(5) 黄色く□《そ》める。
(6) 事業を□《おこ》す。
(7) ここは□《あぶ》ない場所だ。
(8) 様子を□《さぐ》る。

部首・画数・筆順（1）

月　日

時間 20分【はやい15分・おそい25分】
合格 80点
得点　点

1 次の――線の漢字の部首を書きなさい。（32点）

(1) 冷たい
(2) 果たす
(3) 話す
(4) 補う
(5) 操る
(6) 集まる
(7) 限る
(8) 照る

2 次の漢字について、画数（算用数字）を（　）に、部首名を〔　〕に書きなさい。（56点）

(1) 閣（　）〔　〕
(2) 欲（　）〔　〕
(3) 順（　）〔　〕
(4) 起（　）〔　〕
(5) 独（　）〔　〕
(6) 難（　）〔　〕
(7) 除（　）〔　〕

3 次の各問いに答えなさい。（12点）

(1) 次の文は「鋼」という漢字を漢和辞典で探すときの方法をまとめたものです。①はカタカナ、②はひらがな、③は漢数字で答えなさい。

・「鋼」の音は[①]であるので、音訓さくいんで引けるが、部首さくいんでは[②]のところを引けばよい。総画数は[③]画となる。

①（　）②（　）③（　）

(2) 次の漢字の色のついた部分は何画目に書きますか。漢数字で答えなさい。

健

（　）画目

〔日本大豊山女子中〕

部首・画数・筆順 (2)

時間 20分 【はやい15分・おそい25分】
合格 80点
得点　　点
月　日

1 次の各問いに答えなさい。(28点)

(1) 「附」と「付」の「へん」の名前を次から選んで、記号で答えなさい。

ア にんべん　イ りっしんべん
ウ てへん　エ おおざと
オ こざとへん

附(　　)　付(　　)

(2) 「附」と同じ「へん」を持つ漢字を二つ書きなさい。

□・□

〔お茶の水女子大附中〕

2 次の漢字の部首名をあとから選び、記号で答えなさい。(28点)

(1) 刊(　　)　(2) 顔(　　)
(3) 屋(　　)　(4) 福(　　)

ア りっとう　イ くにがまえ
ウ にくづき　エ しめすへん
オ おおがい　カ しかばね
キ なべぶた　ク のぎへん

〔千葉日本大第一中〕

3 次の漢字の筆順を、例にならって書きなさい。(30点)

例 位(ノ　亻　亻'　亻亠　亻立　位　位)

(1) 有(　　)
(2) 方(　　)
(3) 囲(　　)
(4) 安(　　)
(5) 何(　　)

〔東京学芸大附属小金井中〕

4 次の漢字の部首名を、ひらがなで書きなさい。(14点)

(1) 建(　　)
(2) 熱(　　)

〔東海大附属浦安中―改〕

4日 部首・画数・筆順（3）

時間 20分【はやい15分・おそい25分】
合格 80点
得点　点

1 次の漢字の部首として適当なものをそれぞれ一つずつ選び、記号で答えなさい。（30点）

(1) 情（　　）　(2) 階（　　）
(3) 庁（　　）　(4) 刊（　　）
(5) 建（　　）

ア まだれ　イ えんにょう
ウ りっとう　エ こざとへん
オ りっしんべん

〔多摩大目黒中〕

2 次の漢字と画数が同じものをそれぞれ一つずつ選び、記号で答えなさい。（30点）

(1) 席（　　）　(2) 園（　　）
(3) 尊（　　）　(4) 昼（　　）
(5) 進（　　）

ア 暮　イ 巻　ウ 陸
エ 家　オ 傷　カ 報

〔星野学園中〕

3 次の漢字の色のついた部分は、筆順で何画目に書けばよいですか。漢数字で答えなさい。（10点）

(1) 祝（　　）画目　(2) 発（　　）画目

〔実践女子学園中〕

4 次の漢字の部首名をあとからそれぞれ選び、記号で答えなさい。（30点）

(1) 判（　　）　(2) 近（　　）
(3) 礼（　　）　(4) 顔（　　）
(5) 囲（　　）

ア てへん　イ しめすへん
ウ ころもへん　エ がんだれ
オ おおがい　カ りっとう
キ るまた　ク はこがまえ
ケ くにがまえ　コ ゆきがまえ
サ しんにょう(しんにゅう)
シ えんにょう

〔跡見学園中〕

部首・画数・筆順 (4)

時間 20分【はやい15分・おそい25分】 合格 80点 得点　点

1 部首には①へん、②つくり、③かんむり、④あし、⑤かまえ、といった種類があります。次の漢字の部首は①〜⑤のどれに分類されますか。それぞれ記号で答えなさい。(30点)

ア 医　イ 考　ウ 測　エ 光
オ 郷　カ 置　キ 衛　ク 類
ケ 弱　コ 暮

①(　　)　②(　　)
③(　　)　④(　　)
⑤(　　)

〔昭和女子大附属昭和中〕

2 次の漢字の色のついた部分は何画目にあたりますか。算用数字で答えなさい。(30点)

(1) 慣(　　)画目　(2) 物(　　)画目
(3) 帯(　　)画目　(4) 希(　　)画目
(5) 海(　　)画目　(6) 旅(　　)画目

〔雙葉中―改〕

3 次の漢字の総画数を、算用数字で答えなさい。(20点)

(1) 勉(　　)画　(2) 進(　　)画
(3) 承(　　)画　(4) 就(　　)画

〔藤嶺学園藤沢中〕

4 例にならって、次の漢字に部首を合わせて別の漢字をつくりなさい(ただし、それぞれの部首は一度のみ使用すること)。また、その読みをひらがなで書きなさい(ただし、音読み、訓読みのどちらでもよい)。(20点)

例 冬　(「冬」に「いとへん」を合わせて)　終 (お)

(1) 北 □(　　)　(2) 今 □(　　)
(3) 祭 □(　　)　(4) 黄 □(　　)

〔千葉日本大第一中〕

音読みと訓読み (1)

月　日

時間 20分 【はやい15分・おそい25分】　得点　点
合格 80点

1 次の熟語の――線の漢字は、二通りの音読みをします。その読み方を書きなさい。(40点)

(1) 客車・旅客
(2) 宗派・宗家
(3) 便利・速達便
(4) 質屋・性質
(5) 相談・首相
(6) 供養・供出
(7) 直筆・垂直
(8) 下流・下車
(9) 存在・保存
(10) 規模・模様

2 次の漢字は、二通りの訓読みをします。送りがなにしたがって書きなさい。(36点)

(1) 和　（　）らぐ　（　）む
(2) 優　（　）れる　（　）しい
(3) 省　（　）く　（　）みる
(4) 厳　（　）か　（　）しい
(5) 著　（　）す　（　）しい
(6) 着　（　）く　（　）る
(7) 直　（　）ちに　（　）す
(8) 試　（　）みる　（　）す
(9) 明　（　）るい　（　）ける

〔明治大付属中野中〕

3 次の漢字の音読みを右側に、訓読みを送りがなに注意して、左側に書きなさい。(24点)

(1) 志　（　）（　）す
(2) 映　（　）（　）す
(3) 乱　（　）（　）す
(4) 許　（　）（　）す
(5) 示　（　）（　）す
(6) 足　（　）（　）す
(7) 余　（　）（　）す
(8) 治　（　）（　）す

〔松蔭中〕

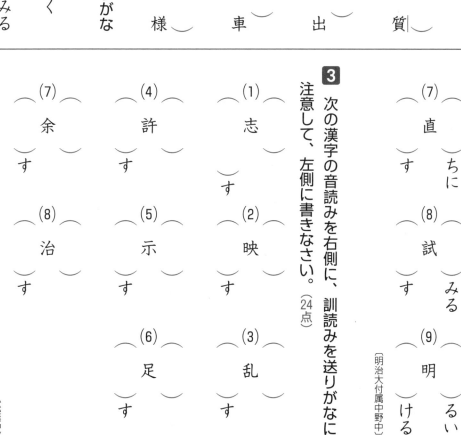

音読みと訓読み (2)

月　日

時間 20分【はやい15分・おそい25分】
合格 80点
得点　　点

1 次の熟語の読み方をあとから選び、記号で答えなさい。(16点)

(1) 野菜（　　）
(2) 織物（　　）
(3) 道順（　　）
(4) 発芽（　　）
(5) 職場（　　）
(6) 野宿（　　）
(7) 試合（　　）
(8) 家屋（　　）

ア どちらの漢字も音で読む。
イ どちらの漢字も訓で読む。
ウ 上は音で読み、下は訓で読む(重箱読み)。
エ 上は訓で読み、下は音で読む(湯桶《ゆとう》読み)。

2 熟語の読み方には、ア音音読み、イ訓訓読み、ウ重箱読み、エ湯桶読み の四つがありますが次の熟語はどの読み方をしますか。記号で答えなさい。(39点)

(1) 新芽（　　）
(2) 合図（　　）
(3) 漁師（　　）
(4) 花火（　　）
(5) 静物（　　）
(6) 修養（　　）
(7) 素顔（　　）
(8) 役場（　　）
(9) 指図（　　）
(10) 帰省（　　）
(11) 金具（　　）
(12) 湯気（　　）
(13) 客間（　　）

3 次の熟語の中で、湯桶読みをするものにア、重箱読みをするものにイ、そのどちらでもないものにウを書きなさい。(45点)

(1) 朝日（　　）
(2) 大勢（　　）
(3) 手本（　　）
(4) 消印（　　）
(5) 雨戸（　　）
(6) 地主（　　）
(7) 台所（　　）
(8) 相手（　　）
(9) 荷物（　　）
(10) 安心（　　）
(11) 団子（　　）
(12) 楽屋（　　）
(13) 世話（　　）
(14) 背中（　　）
(15) 身分（　　）

〔灘中〕

6日 同音異字・同音異義語（1）

月　日

時間 20分【はやい15分・おそい25分】
合格 80点
得点　　点

1 次の□にあてはまる漢字を書きなさい。（20点）

(1) □《はん》対の声。　□《はん》画を見る。

(2) 混□《らん》する。　一□《らん》表を作る。

(3) 頭□《のう》明せき。　□《のう》税の義務。

(4) □《し》勢がよい。　□《し》語をつつしむ。

(5) □《げん》重に守る。　水□《げん》の確保。

2 次の□にあてはまる漢字を書きなさい。（30点）

(1) 階□《だん》・□《だん》体・判□《だん》

(2) 予□《そう》・百メートル□《そう》・演□《そう》

3 次の□に同じ読み方の漢字を入れて、下の意味の熟語をつくりなさい。（30点）

(1)
① 意□（何かをしようとする強い気持ち。）
② 意□（物事に対して持っている考え。）

(2)
① □心（物事を心にかけること。）
② □心（心を深く動かすこと。）

(3)
① 最□（いちばんおしまいのこと。）
② 最□（命の終わるとき。）

4 次の□にあてはまる漢字を書きなさい。（20点）

(1) 学級□□《いいん》・歯科□□《いいん》

(2) 生存□□《きょうそう》・短距離《たんきょり》□□《きょうそう》

月　日

時間 20分 【はやい15分・おそい25分】

合格 80点

得点　点

同音異字・同音異義語 (2)

1 次の□にあてはまる漢字を書きなさい。(30点)

(1) 桜の□《かいか》・文明の□《かいか》

(2) 興味□《かんしん》・□《かんしん》に堪《た》えない

(3) □《さいしん》の注意・□《さいしん》の情報

(4) □《りょうしん》と遊ぶ・□《りょうしん》の呵責《かしゃく》

(5) □《まんてん》の星・百点□《まんてん》

2 次の□にあてはまる漢字を書きなさい。(18点)

(1) □《かい》散・□《かい》答・□《かい》報

(2) □《か》庭・□《か》程・□《か》定

3 次の□にあてはまる漢字を書きなさい。(36点)

(1)
① 今日の議題について□《けんとう》する。
② □《けんとう》をつけてボールを投げる。

(2)
① □《いし》の強い人になりたい。
② 県の□《いし》会の発表。

(3)
① ストで交通□《きかん》が混乱する。
② 夏休みの□《きかん》に旅行する。

4 次の読み方をする漢字を書きなさい。(16点)

(1) □《さいこう》記録・窓からの□《さいこう》

(2) □《こうかい》録音・□《こうかい》術

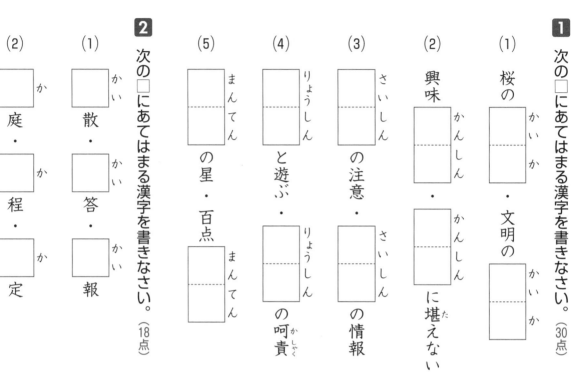

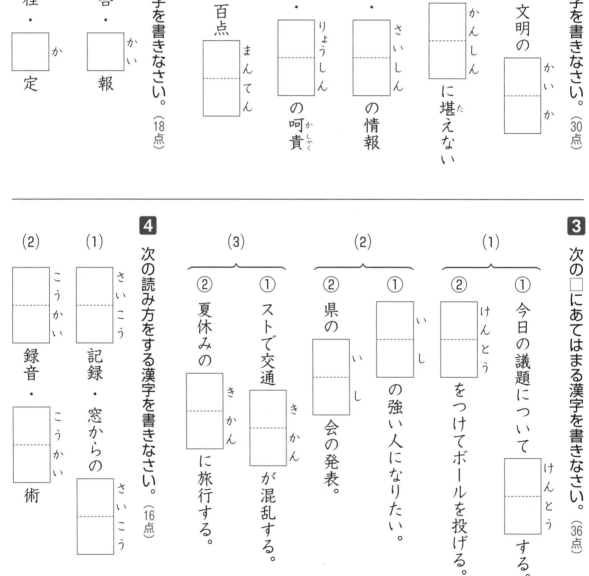

7日

同音異字・同音異義語（3）

月　日

時間 20分【はやい15分・おそい25分】　得点　点

合格 80点

1 次の□にあてはまる漢字を書きなさい。（64点）

(1)
① □《せいかく》な時計。
② 人の□《せいかく》はさまざまだ。

(2)
① □《でんとう》ある国。
② □《でんとう》がつく。

(3)
① 絶好の□《きかい》をのがす。
② □《きかい》に油をさす。

(4)
① □《じこ》反省。
② 交通□《じこ》が多発する。

2 次の文にふさわしい漢字を選び、記号に○をしなさい。（12点）

(1) 品物の（ア 低下　イ 定家　ウ 定価）。

(2) （ア 指名　イ 氏名　ウ 使命）を記入する。

(3) 場所を（ア 指定　イ 師弟　ウ 子弟）する。

(4) （ア 生命　イ 声明　ウ 清明）を発表する。

(5) （ア 校歌　イ 高価　ウ 効果）てきめんだ。

(6) （ア 校医　イ 高位　ウ 好意）の診察《しんさつ》。

3 次の□にあてはまる漢字を書きなさい。（24点）

(1) 徒□《きょうそう》・優劣を□《きょうそう》する

(2) □《しゅうち》を集める・□《しゅうち》の事実

(3) 穏やかな□《きこう》・旅の□《きこう》文

(4) 場所の□《いどう》・人事□《いどう》

同音異字・同音異義語（4）

月　日

時間 20分【はやい15分・おそい25分】
合格 80点
得点　　点

1 次の□にあてはまる漢字を書きなさい。（64点）

(1) 橋の□《かいしゅう》・答案用紙の□《かいしゅう》

(2) □《ようりょう》を得る・バケツの□《ようりょう》

(3) 人質の□《かいほう》・門の□《かいほう》

(4) □《じせい》心・□《じせい》する植物

(5) □《きしょう》衛星・生来の□《きしょう》

(6) □《てきせい》検査・□《てきせい》な価格

(7) □《こうかい》士・情報を□《こうかい》する

(8) 事態の□《しゅうしゅう》・昆虫の□《しゅうしゅう》

---

2 次の同音で異なる意味の漢字とあとの漢字を一回ずつ用いて、二字の熟語をつくりなさい。（あたえられた漢字は上下いずれにきてもよい。）（36点）

(1) 則…□　側…□　測…□

(2) 求…□　救…□　球…□

(3) 責…□　積…□　績…□

(4) 工…□　公…□　功…□

試・成・任・面・労・体・規
探・命・加・保・定・野・私

8日 同音異字・同音異義語 (5)

1 次の文中の――線の漢字を（　）から選び、その記号に○をしなさい。(24点)

眼下は雲海。圧倒《あっとう》的な(1)リョウカン（ア 良観　イ 両感　ウ 量感）。白く広がる巨大な綿の(2)シュウセキ（ア 集積　イ 集績　ウ 集責）。静と見えて(3)ドウ（ア 同　イ 働　ウ 動）。宝石と見まごうばかりに輝《かがや》くかと思えば、ピンク色に変わる。

〔青山学院中〕

2 次の(1)~(4)の――線の漢字がすべて同じものにはア、すべて異なるものにはイ、それ以外のものにはウを書きなさい。(40点)

(1)
- えいせい中立を守る。
- 人工えいせいが飛ぶ。
- えいせい都市を築く。

（　　）

(2)
- プレゼントをこう換する。
- 若者のこう歓《かん》風景。
- 相手にこう感を持つ。

（　　）

(3)
- 入場をせい限する。
- せい度を改める。
- せい服を買う。

（　　）

(4)
- 一日のこうていを記録する。
- こうていに集合する。
- 値段のこうていがはげしい。

（　　）

〔立教中―改〕

3 次の□にあてはまる漢字を書きなさい。(36点)

(1) 努力したが、□□《かんせい》するに至らない。

(2) 鋭《するど》い□□《かんせい》を持っている。

(3) □□《じき》はずれの食物。

(4) 卒業の□□《じき》。

〔目白学園中―改〕

同音異字・同音異義語 (6)

月　日
時間 20分【はやい15分・おそい25分】
合格 80点
得点　点

1 次の□にあてはまる漢字を書きなさい。(40点)

(1)
① どれいを□《かいほう》する。
② 門戸を□《かいほう》する。
③ 病気が□《かいほう》に向かう。

(2)
① よく見ると左右□《たいしょう》でない顔。
② 弟は兄と□《たいしょう》的な性格だ。
③ 砂ばくを□《たいしょう》の一団が進む。

(3)
① 失敗したことを□《はんせい》する。
② 自分の□《はんせい》を振《ふ》り返る。

---

2 次の□にあてはまる漢字を書きなさい。(40点)

(1) 条約の□《かいせい》
(2) □《むじょう》の喜び
(3) □《はんめん》教師
(4) 病気の□《かんち》
(5) □《きかい》体操
(6) □《そうい》工夫《くふう》
(7) けがの□《こうみょう》
(8) 英語の□《しゅうとく》

3 次の□にあてはまる漢字を書きなさい。(20点)

(1) 品質の□《ほしょう》・安全を□《ほしょう》する。
(2) □《かんしょう》用植物・□《かんしょう》的な気分

〔神戸大附属明石中－改〕

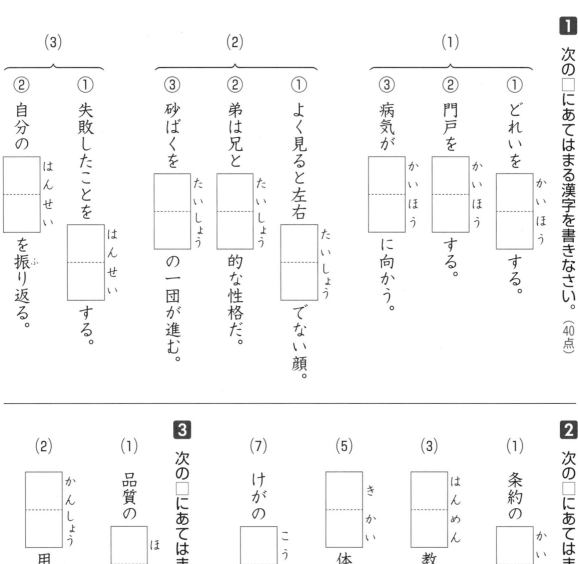

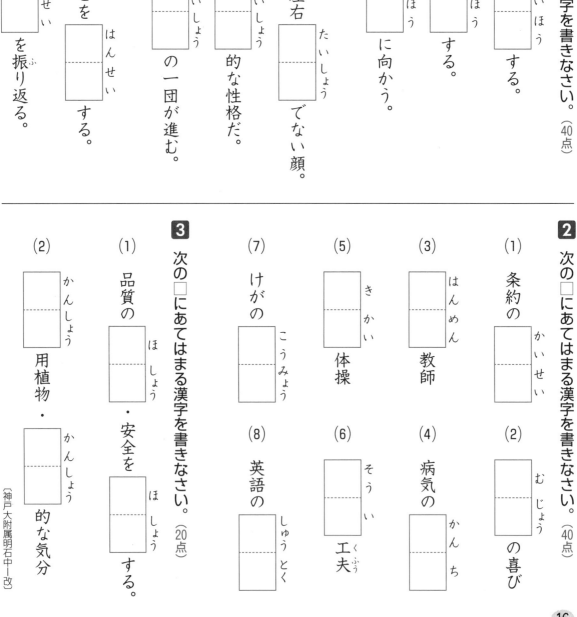

月　日

9日 同訓異字（1）

時間 20分【はやい15分・おそい25分】
合格 80点
得点　　点

1 次の――線の漢字の読み方を書きなさい。（33点）

(1) 明くる日。（　）
(2) 席が空く。（　）
(3) 幕が開く。（　）
(4) 目が覚める。（　）
(5) 料理が冷める。（　）
(6) 故障が直る。（　）
(7) けがが治る。（　）
(8) 病気を治す。（　）
(9) 入り口。（　）
(10) ドイツに居る。（　）
(11) 的を射る。（　）

2 次の――線の漢字の読み方を書きなさい。（27点）

(1) 暑い夏。（　）
(2) 熱いお茶。（　）
(3) 分厚い本。（　）
(4) 時期が早い。（　）
(5) 流れが速い。（　）
(6) 品質が良い。（　）
(7) 善いことをする。（　）
(8) 町（　）と街角（　）。

3 次の□にあてはまる漢字を書きなさい。（40点）

(1) 好みに□《あ》う。　友達に□《あ》う。
(2) 家へ□《かえ》る。　すそが□《かえ》る。
(3) 国を□《あ》げて。　たなに□《あ》げる。
(4) 人の道を□《と》く。　問題を□《と》く。
(5) 書き□《あやま》る。　ごめんと□《あやま》る。

同訓異字(2)

月　日

時間 20分【はやい15分・おそい25分】 得点　点
合格 80点

1 次の□にあてはまる漢字を書きなさい。(64点)

(1) □《あたた》かい部屋。　心の□《あたた》かい人。

(2) 食事を□《つく》る。　船を□《つく》る。

(3) 仕事が□《す》む。　都会に□《す》む。

(4) 犬を□《か》う。　米を□《か》う。

(5) 戦いに□《やぶ》れる。　紙が□《やぶ》れる。

(6) 池の□《まわ》り。　ひと□《まわ》りする。

(7) かさを□《さ》す。　北を□《さ》す。

(8) 鳥が□《な》く。　弟が□《な》く。

2 次の各組の□には、同じ読み方をする別の漢字が入ります。例にならって、それぞれの漢字を答えなさい。(36点)

例 ① 厚い本を読む。 ② 今年の夏は暑い。

(1) ① 税金を□める。 ② 国を□める。

(2) ① ぼくが司会を□めます。 ② ぼくは泣くまいと□めた。

(3) ① 教室の荷物を体育館に□す。 ② 黒板の内容をノートに□す。

〔立正大付属立正中〕

10日 同訓異字(3)

1 次の□にあてはまる漢字を書きなさい。(60点)

(1) 裏と□《おもて》。 矢□《おもて》に立つ。

(2) 電車を□《お》りる。 幕が□《お》りる。

(3) 借金を□《かえ》す。 家に子を□《かえ》す。

(4) 空が□《あか》らむ。 顔色が□《あか》らむ。

(5) 自由□《がた》。 血液□《がた》。

(6) 会社に□《つと》める。 学級委員を□《つと》める。

(7) 話を□《き》く。 薬が□《き》く。

(8) 値段を□《さ》げる。 手に□《さ》げる。

(9) 目が□《さ》める。 湯が□《さ》める。

(10) 木の枝を□《お》る。 機《はた》を□《お》る。

2 次の□にあてはまる漢字を書きなさい。(40点)

(1) 成績が□《よ》い。 行いが□《よ》い。

(2) 事件が□《お》こる。 産業を□《おこ》す。

(3) 争いを□《おさ》める。 税を□《おさ》める。
痛みが□《おさ》まる。 学問を□《おさ》める。

(4) 犯人を□《お》う。 親の力に□《お》う。

同訓異字 (4)

月　日

時間 20分
【はやい15分・おそい25分】
合格 80点
得点
点

1 次の□にあてはまる漢字を書きなさい。(48点)

(1) 姿を□《あらわ》す。　言葉に□《あらわ》す。
書物を□《あらわ》す。

(2) 足が□《いた》む。　家が□《いた》む。

(3) 電報を□《う》つ。　敵を□《う》つ。

(4) 文字を□《うつ》す。　スライドを□《うつ》す。
座席を前に□《うつ》す。

(5) 新記録が□《う》まれる。　卵を□《う》む。

---

2 次の□にあてはまる漢字を書きなさい。(32点)

(1) 家が□《た》つ。　消息を□《た》つ。

(2) 道が□《わ》かれる。　親と□《わか》れる。

(3) □《まる》顔。　□《まる》い机。

(4) 腕を□《ふ》るう。　勇気を□《ふる》う。

〔金城学院中〕

3 次の□にあてはまる漢字を書きなさい。(20点)

(1) 時間を□《はか》る。　目方を□《はか》る。
面積を□《はか》る。

(2) 服装を□《ととの》える。　縁談《えんだん》を□《ととの》える。

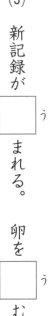

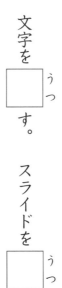

熟語の組み立て（1）

1 次の熟語の組み立ての説明をあとから選び、記号で答えなさい。(40点)

(1) 長短（　）　(2) 強化（　）
(3) 無事（　）　(4) 延期（　）
(5) 温暖（　）　(6) 地震《じしん》（　）
(7) 勝敗（　）　(8) 決意（　）
(9) 良心（　）　(10) 町内（　）

ア 似た意味の漢字を組み合わせたもの
イ 意味が反対や対《つい》になる漢字を組み合わせたもの
ウ 上の漢字が下の漢字を修飾《しゅうしょく》するもの
エ 「〜に」「〜を」の部分が下にくるもの
オ 上の漢字が主語、下の漢字が述語になっているもの
カ 上の漢字が下の漢字を打ち消すもの
キ 下の意味を強めたり、そえたりする漢字がつくもの

2 次の熟語の組み立てと同じ組み立ての熟語をあとから選び、記号で答えなさい。(40点)

(1) 改革（　）　(2) 黒板（　）
(3) 品性（　）　(4) 読書（　）
(5) 前後（　）　(6) 非番（　）
(7) 再会（　）　(8) 行進（　）

ア 他人　イ 不利　ウ 日没　エ 大小
オ 表現　カ 平然　キ 習字

3 次の□に「不・無・非・未」のいずれかを入れて、熟語をつくりなさい。(20点)

(1) □害　(2) □安
(3) □来　(4) □力《りょく》
(5) □便

熟語の組み立て (2)

月　日

時間 20分【はやい15分・おそい25分】　得点　点
合格 80点

1 次の□に「的・性・然・化」のいずれかを入れて、熟語をつくりなさい。（32点）

(1) 美□
(2) 当□
(3) 酸□
(4) 老□
(5) 私□
(6) 習□
(7) 整□
(8) 詩□

2 漢字二字の熟語が次々と連なるように、□に漢字を書きなさい。（20点）

例 教 育 児 童 話 術

衛 (1)□ 物 (2)□ 問 (3)□ 材 (4)□ 金 (5)□ 車

(6)□ 面 (7)□ 社 (8)□ 短 (9)□ 限 (10)□

3 次の熟語の組み立ての説明をあとから選び、記号で答えなさい。（48点）

(1) 残暑（　）
(2) 偶然《ぐうぜん》（　）
(3) 風化（　）
(4) 豊富（　）
(5) 指名（　）
(6) 逆転（　）
(7) 人造（　）
(8) 着陸（　）
(9) 円満（　）
(10) 寒暖（　）
(11) 未熟（　）
(12) 売買（　）

ア 似た意味の漢字を組み合わせたもの
イ 意味が反対や対《つい》になる漢字を組み合わせたもの
ウ 上の漢字が下の漢字を修飾《しゅうしょく》するもの
エ 「〜に」「〜を」の部分が下にくるもの
オ 上の漢字が主語、下の漢字が述語になっているもの
カ 上の漢字が下の漢字を打ち消すもの
キ 下の意味を強めたり、そえたりする漢字がつくもの

12日 熟語の組み立て（3）

月　日

時間 20分【はやい15分・おそい25分】
合格 80点
得点　点

1 次の□に「無・不・非」のいずれかを入れて、熟語をつくりなさい。（30点）

(1) □規則
(2) □行
(3) □利
(4) □当
(5) □限
(6) □親切
(7) □理解
(8) □正
(9) □公式
(10) □視

2 次の各組の熟語の中から、組み立ての異なるものを一つずつ選び、記号で答えなさい。（40点）

(1) ア 夫妻　イ 定価　ウ 門前　（　）
(2) ア 造船　イ 転校　ウ 適性　（　）
(3) ア 永久　イ 開閉　ウ 善悪　（　）
(4) ア 預金　イ 未明　ウ 読書　（　）
(5) ア 難所　イ 給食　ウ 燃料　（　）
(6) ア 腹痛　イ 弱点　ウ 海底　（　）
(7) ア 否決　イ 無理　ウ 安易　（　）
(8) ア 減収　イ 失礼　ウ 市営　（　）

3 次の三字熟語の組み立ての説明をあとから選び、記号で答えなさい。（30点）

(1) 正比例　（　）
(2) 上中下　（　）
(3) 入学式　（　）
(4) 雪月花　（　）
(5) 週刊誌　（　）
(6) 輸入品　（　）

ア 一字の漢字＋二字の熟語を組み合わせたもの
イ 二字の熟語＋一字の漢字を組み合わせたもの
ウ 三字の漢字を対等に組み合わせたもの

熟語の組み立て (4)

月　日

時間 20分 【はやい15分・おそい25分】　得点　点

合格 80点

1 次の熟語と同じ組み立ての熟語をあとから二つずつ選び、記号で答えなさい。(20点)

(1) 森林(　)(　)　(2) 上下(　)(　)

(3) 近所(　)(　)　(4) 登山(　)(　)

(5) 不安(　)(　)

ア 国語　イ 寄港　ウ 未満　エ 救助

オ 開会　カ 無情　キ 朝夕　ク 左右

ケ 黒板　コ 尊敬

2 次の□に「不・無・未・非」のいずれかを入れて、三字熟語をつくりなさい。(40点)

(1) □可能　(2) □発表

(3) □気味　(4) □常識

(5) □正確　(6) □効率

(7) □完成　(8) □意識

3 次の四字熟語の組み立ての説明をあとから選び、記号で答えなさい。(24点)

(1) 喜怒哀楽(　)　(2) 副委員長(　)

(3) 立候補者(　)　(4) 旧会議室(　)

(5) 起承転結(　)　(6) 創意工夫(　)

(7) 円満解決(　)　(8) 天文学的(　)

ア 二字の熟語＋二字の熟語を組み合わせたもの

イ 三字の熟語＋一字の漢字を組み合わせたもの

ウ 一字の漢字＋三字の熟語を組み合わせたもの

エ 四字の漢字を対等に組み合わせたもの

4 次の□に「然・性・的」のいずれかを入れて、熟語をつくりなさい。(16点)

(1) 酸□の強い土。

(2) 未□に防ぐ。

(3) 悪□のかぜ。

(4) 理想□な学校。

13日 対義語・類義語（1）

月　日

時間 20分 【はやい15分・おそい25分】
合格 80点
得点　　点

1 次の□に反対の意味の漢字を入れて、二字の熟語をつくりなさい。（20点）

(1) 善□
(2) 売□
(3) 苦□
(4) 往□
(5) 生□
(6) 動□
(7) 干□
(8) 興□
(9) 乗□
(10) 勝□

2 次の□に反対の意味の漢字を入れて、二字の熟語をつくりなさい。（20点）

(1) □夕
(2) □退
(3) □客
(4) □散
(5) □旧
(6) □捨
(7) □短
(8) □後
(9) □益
(10) □減

3 次の中から反対の意味の熟語の組み合わせを見つけ、その番号を書きなさい。（30点）

① 過去　② 未来　③ 直接　④ 希望
⑤ 重視　⑥ 人工　⑦ 収入　⑧ 軽視
⑨ 間接　⑩ 自然　⑪ 差別　⑫ 失望
⑬ 関係　⑭ 平等

（　↕　）（　↕　）（　↕　）
（　↕　）（　↕　）（　↕　）

4 次の熟語とよく似た意味の言葉をあとから選び、漢字に直して書きなさい。（30点）

(1) 長所
(2) 厚意
(3) 手段
(4) 返事
(5) 心配

しんせつ・ふあん・びてん・おうとう
ほうほう

対義語・類義語 (2)

月　日

時間 20分【はやい15分・おそい25分】
合格 80点
得点　点

1 次の漢字の中で、反対の意味を持つ字を組み合わせて、熟語をつくりなさい。(40点)

師・捨・得・新・善・低・天・取・縦
高・旧・悪・吸・損・横・収・弟・地
呼・支・泣・笑

(　　　)(　　　)(　　　)(　　　)
(　　　)(　　　)(　　　)(　　　)
(　　　)(　　　)(　　　)(　　　)

2 次の言葉の反対語をあとから選び、その読み方を書きなさい。(20点)

(1) 悪意(　　　)　(2) 安全(　　　)
(3) 短縮(　　　)　(4) 縮小(　　　)
(5) 公開(　　　)

延長・危険・善意・秘密・拡大・好評

3 次の□に漢字を入れて、各組の熟語が反対の意味になるようにしなさい。(16点)

(1) 許可／□止
(2) 反対／□成
(3) 進歩／□歩
(4) 原因／□果

4 次の□に「無・不・未・非」のいずれかを入れて、熟語をつくりなさい。(24点)

(1) □知数　(2) □行
(3) □満　(4) □来
(5) □公式　(6) □平
(7) □安　(8) □常
(9) □公開　(10) □案内
(11) □用心　(12) □番

郵便はがき

5 5 0 - 0 0 1 3

お手数ですが
切手をおはり
ください。

大阪市西区新町3-3-6

受験研究社

愛読者係 行

●ご住所 □□□-□□□□

TEL(

●お名前

※任意
(男・女

●在学校 □保育園・幼稚園 □中学校 □専門学校・大学
□小学校 □高等学校 □その他(　　)

学年
(歳

●お買い上げ書店名(所在地)

書店(

市 区
町 村

★すてきな賞品をプレゼント!

お送りいただきました愛読者カードは、毎年12月末にしめきり，抽選のうえ100名様にすてきな賞品をお贈りいたします。

★LINEでダブルチャンス!

公式LINEを友達追加頂きアンケートにご回答頂くと，上記プレゼントに加え，夏と冬の特別抽選会で記念品をプレゼントいたします!

※当選者の発表は賞品の発送をもってかえさせていただきます。 https://lin.ee/cWvAht

株式会社 増進堂 受験研究社

愛読者カード

本書をお買い上げいただきましてありがとうございます。あなたのご意見・ご希望を参考に，今後もより良い本を出版していきたいと思います。ご協力をお願いします。

1. この本の書名（本のなまえ）　お買い上げ

年　月

2. どうしてこの本をお買いになりましたか。

□書店で見て　□先生のすすめ　□友人・先輩のすすめ　□家族のすすめで
□塾のすすめ　□WEB・SNSを見て　□その他（　）

3. 当社の本ははじめてですか。

□はじめて　□2冊目　□3冊目以上

4. この本の良い点，改めてほしい点など，ご意見・ご希望をお書きください。

5. 今後どのような参考書・問題集の発行をご希望されますか。あなたのアイデアをお書きください。

6. 塾や予備校，通信教育を利用されていますか。

塾・予備校名［　］
通信教育名［　］

画の参考，新刊等のご案内に利用させていただきます。　2024.2

14日 対義語・類義語 (3)

時間 20分 【はやい15分・おそい25分】 合格 80点 得点 点 月 日

1 次の□に漢字を一字入れて、二つの熟語が反対の意味になるようにしなさい。(24点)

(1) □子・先□
(2) □平・争□
(3) □容・難□
(4) □勝・北□
(5) □集・散□
(6) □成・敗□

2 次の言葉の反対語をあとから選び、漢字に直して書きなさい。(20点)

(1) 悪評
(2) 否決
(3) 生産
(4) 進行
(5) 得手

ていし・ほうねん・にがて・しょうひ・こうひょう・しっぱい・おって・けんやく・けっきん・かけつ

3 □に漢字一字を入れて、次の熟語と似た意味の言葉を完成させなさい。(24点)

(1) 改良＝改□
(2) 決意＝決□
(3) 真相＝真□
(4) 文明＝文□
(5) 永遠＝永□
(6) 重大＝重□

4 次の言葉の反対語を、漢字と送りがなで書きなさい。(32点)

(1) 重い（　　）
(2) 覚える（　　）
(3) 増やす（　　）
(4) 滅ぶ（　　）
(5) 始まる（　　）
(6) 集まる（　　）
(7) 開く（　　）
(8) 多い（　　）

対義語・類義語 (4)

時間 20分【はやい15分・おそい25分】
合格 80点
得点　　点

1 次の中から上と下の漢字が反対の意味を持つ熟語を見つけ、その番号をすべて書きなさい。(完答10点)

① 暗室　② 着陸　③ 開閉　④ 黒板
⑤ 明暗　⑥ 表裏　⑦ 就職　⑧ 寄港
⑨ 入院　⑩ 前後　⑪ 多数　⑫ 残暑
⑬ 勝負　⑭ 集中　⑮ 有無　⑯ 貧富

(　　　　)

2 次の□に「不・無・非・未」のいずれかを入れて、熟語をつくりなさい。(30点)

(1) □便　(2) □理　(3) □番
(4) □明　(5) □成年　(6) □売品
(7) □意味　(8) □自由　(9) □自然
(10) □常口

3 次の□に反対の意味の漢字を入れて熟語をつくり、その熟語の読み方も書きなさい。(36点)

(1) □他 (　　)　(2) □買 (　　)
(3) □易 (　　)　(4) 黒□ (　　)
(5) □重 (　　)　(6) □退 (　　)

4 次の中から反対の意味の熟語の組み合わせを見つけ、その番号を書きなさい。(24点)

① 楽観　② 服従　③ 勤勉　④ 集合
⑤ 悲観　⑥ 反抗　⑦ 解散　⑧ 保守
⑨ 革新

(　)↕(　)
(　)↕(　)
(　)↕(　)
(　)↕(　)

15日 慣用句・ことわざ・故事成語（1）

月　日

時間 20分【はやい15分・おそい25分】

合格 80点

得点　　点

1 次の言葉の意味をあとから選び、記号で答えなさい。（30点）

(1) 水と油（　　）

(2) 五十歩百歩（　　）

(3) 手があがる（　　）

(4) 竹馬の友（　　）

(5) 目星をつける（　　）

ア 見当をつける。 イ なかよくできない。

ウ 子供のころからの友達。

エ 上手になる。 オ 似たりよったりのこと。

2 次の言葉の意味として最も正しいものを（　）から選び、記号に○をしなさい。（28点）

(1) くぎをさす（ア 相手におせっかいをする。 イ 相手に念をおす。 ウ 相手にいじわるをする。）

(2) しのぎをけずる（ア はげしく争う。 イ はげしく雨が降る。 ウ じっとがまんする。）

(3) しびれをきらす（ア 立ち上がれない。 イ しんぼう強い。 ウ 待ち切れない。）

(4) 日の目を見ない（ア 世間に認められない。 イ 世間から認められようとしない。 ウ 才能が不足している。）

3 次の「手」の意味として適切な熟語をあとから選び、記号で答えなさい。（42点）

(1) ねこの手も借りたい。（　　）

(2) なんと手のかかる子だ。（　　）

(3) 何かよい手はないか。（　　）

(4) 行く手をくらます。（　　）

(5) この手の品は、ほかにない。（　　）

(6) 手に入れる。（　　）

(7) 新しい事業に手を出す。（　　）

ア 方向 イ 方法 ウ 労働力 エ 種類

オ 世話 カ 所有 キ 関係

慣用句・ことわざ・故事成語 (2)

月　日

時間 20分【はやい15分・おそい25分】　得点

合格 80点　　点

1 次の□に漢数字を入れて、ことわざ・故事成語を完成させなさい。(30点)

(1) 悪事□里を走る

(2) 五十歩□歩

(3) □人寄れば文殊《もんじゅ》の知恵

(4) 千里の道も□歩から

(5) 百聞は□見にしかず

2 次のことわざと同じ意味を持つ熟語をあとから一つ選び、記号で答えなさい。(20点)

(1) 立て板に水（　）

(2) 色めがねで見る（　）

(3) 転ばぬ先のつえ（　）

(4) 焼け石に水（　）

ア 不安　イ 色彩《しきさい》　ウ 先入観　エ 雄弁《ゆうべん》

オ 用心　カ 有力　キ 拡大　ク 無駄《むだ》

3 次の□に体の一部分を表す漢字一字を入れて、下の意味を表す慣用句をつくりなさい。(30点)

(1) □が高い（物の価値を判断する力が優《すぐ》れている。）

(2) □が痛い（自分の弱点をつかれて、聞くのがつらい。）

(3) □が立たない（相手が強すぎてとてもかなわない。）

(4) □が軽い（うかつにものを言う。）

(5) □が棒になる（長く歩いたり立っていたりしてつかれはてること。）

4 次の□に入る言葉をあとから選び、記号で答えなさい。(20点)

(1) □によりをかけて料理を作る。（　）

(2) 人を□であしらうわるいくせ。（　）

ア 頭　イ 腕《うで》　ウ 口　エ 鼻

オ 腰《こし》

16日 慣用句・ことわざ・故事成語 (3)

月　日

時間 20分 【はやい15分・おそい25分】 得点

合格 80点 　点

1 次の□に、体の一部分を表す漢字一字を入れなさい。(40点)

(1) ぬかるみに□をとられて歩きにくい。

(2) となりの家の畑仕事に□を貸す。

(3) この問題は難しくて□が立たない。

(4) こづかいを使いすぎて□が出た。

(5) 品物が高いので、□が飛び出そうだ。

(6) 人の話に□をかたむける。

(7) 父からの便りを□を長くして待つ。

(8) そばから□を出し、話のじゃまをする。

(9) じまんすることを□にかけるという。

(10) やんちゃすぎて、父が□を焼いている。

2 次の言葉と似た意味の熟語をあとから選び、記号で答えなさい。(30点)

(1) 骨を折る（　）

(2) 舌を巻く（　）

(3) 鼻が高い（　）

(4) 気が気でない（　）

(5) 胸をなでおろす（　）

(6) 目から鼻へぬける（　）

ア 得意　イ 高価　ウ 安心　エ 利口

オ 心配　カ 感心　キ 努力　ク 感謝

3 次の熟語と似た意味の言葉をあとから選び、記号で答えなさい。(30点)

(1) 油断（　）

(2) 用心（　）

(3) 努力（　）

(4) 無駄《むだ》（　）

(5) 無知（　）

ア 井の中のかわず　イ 二階から目薬

ウ ちりも積もれば山となる

エ 石橋をたたいて渡《わた》る

オ さるも木から落ちる

慣用句・ことわざ・故事成語 (4)

月　日

時間 20分 【はやい15分・おそい25分】
合格 80点
得点　点

1 次の□に、体の一部分を表す漢字一字を入れなさい。(60点)

(1) 子供もやっと□が離《はな》れて楽になった。

(2) 改心して悪事から□を洗った。

(3) まつたけ料理に□つづみをうつ。

(4) 名画に親しんで□を肥やす。

(5) □に余る乱暴。

(6) 名物料理も毎日のことで□についた。

(7) □をくいしばってがんばった。

(8) □を横にふってなかなか承知しない。

(9) 借金で□がまわらなくなる。

(10) つい□がすべって秘密をもらした。

2 次の各文の(　)に入る適切な言葉をあとから選び、記号で答えなさい。(30点)

(1) かれは(　)とみえ、りっぱな字を書く。

(2) 友と小学校時代の思い出話に(　)。

(3) (　)工事もついに完成に近づいた。

ア 勝ちほこる　イ 夜を日につぐ
ウ 定石《じょうせき》どおり　エ 花を咲《さ》かせる
オ 夜目《よめ》にも光る　カ 手筋《てすじ》がいい
キ ものたりない

3 次の熟語に最も関係の深いことわざをあとから一つずつ選び、記号で答えなさい。(10点)

(1) 実質　(　)

(2) 努力　(　)

ア おにに金棒　イ 石の上にも三年
ウ 花より団子《だんご》　エ たなからぼたもち
オ 悪銭身につかず

17日 慣用句・ことわざ・故事成語 (5)

月　日

時間 20分【はやい15分・おそい25分】 合格 80点 得点　点

1 次の各文の（　）に入る言葉をあとから選び、記号で答えなさい。(40点)

(1) かれは父に（　）をかけたようにがんこだ。

(2) まとまりかけた相談に（　）を入れる者がいて、だめになった。

(3) かりてきた（　）のようにおとなしくしている。

(4) あの人は、私の父の（　）の友だそうです。

(5) あまりに現実ばなれしていて、（　）をつかむような話です。

ア 馬　イ 竹馬　ウ 目
エ 雲　オ 雨　カ 犬
キ ねこ　ク お金　ケ 横車
コ 横やり　サ 水　シ たすき
ス 輪　セ けんか　ソ あわ

〔浅野中〕

2 次の（　）に入る適当な動物を書きなさい。(60点)

(1) （　）百まで踊《おど》り忘《わす》れず

(2) 角《つの》を矯《た》めて（　）を殺す

(3) 泣き面《つら》に（　）

(4) 虎《とら》の威《い》を借《か》る（　）

(5) 鳥なき里の（　）

(6) （　）の耳に念仏

(7) （　）の甲《こう》より年の功

(8) 木に縁《よ》りて（　）を求む

(9) （　）の穴から堤《つつみ》も崩《くず》れる

(10) 前門の虎《とら》、後門の（　）

慣用句・ことわざ・故事成語 (6)

1 次の（　）に入る慣用句をあとから選び、記号で答えなさい。(14点)

(1) かれの包丁《ほうちょう》さばきは（　）。

(2) この試験はたいしたことはないと（　）いると、失敗するかもしれない。

ア 高をくくって　イ 足を出して
ウ 目に余る　エ 板についている
オ 鼻をくくって　カ 鼻についている

〔昭和女子大附属昭和中〕

2 次の□に、体の一部分を表す漢字一字を入れなさい。(36点)

(1) 何度も聞かされて□にたこができる。

(2) 難しくて手も□も出ない。

(3) 悲しみに□がつぶれる。

(4) くやしくて□の虫がおさまらない。

(5) 先生にほめられて□が高い。

(6) いそがしくてそこまで□が回らない。

〔愛知淑徳中―改〕

3 次の(1)～(5)に続けて慣用句をつくるものをあとから選び、記号で答えなさい。(50点)

(1) お茶を（　）

(2) 渡《わた》りに（　）

(3) あわを（　）

(4) ぬかに（　）

(5) 立て板に（　）

ア 食う　イ 残す　ウ 握《にぎ》る
エ 馬　オ 手が出る　カ 飛び出す
キ 舟《ふね》　ク 水　ケ くぎ
コ にごす

〔南山中女子部―改〕

四字熟語 (1)

1 上の熟語と下の熟語を——線で結び、四字の熟語をつくりなさい。(32点)

(1)
① 安全・　・ア 始終
② 一部・　・イ 中立
③ 右往・　・ウ 左往
④ 永世・　・エ 地帯

(2)
① 観光・　・ア 制度
② 群集・　・イ 保険
③ 健康・　・ウ 心理
④ 教育・　・エ 都市

2 次の□に入る漢字一字をあとから選び、四字熟語を完成させなさい。(32点)

(1) ロ□試問
(2) □刀直入
(3) 完全無□
(4) 意味深□
(5) 言語□断
(6) 諸行無□
(7) 前代未□
(8) 無理□段

算・欠・道・聞・頭・常・長・単

(岡山中)

3 次の□に入る言葉をあとから選んで四字熟語をつくり、その読み方を(　)に書きなさい。(36点)

(1) 我田□□ (　　)
(2) 不言□□ (　　)
(3) 自由□□ (　　)
(4) 四捨□□ (　　)
(5) 絶体□□ (　　)
(6) 一挙□□ (　　)

絶命・自在・両得・五入・引水・実行

四字熟語 (2)

月	日

時間 20分【はやい15分・おそい25分】　得点　　点
合格 80点

1 次の□に漢数字を一字入れて、四字熟語を完成させなさい。(30点)

(1) □発□中

(2) □変□化

(3) □転□倒

(4) □死□生

(5) □寒□温

〔江戸川女子中〕

2 次の(1)〜(5)の四字熟語の□には、同じ漢字が入ります。下にある意味を参考にして、□に入る漢字一字を書きなさい。(30点)

(1) □体□命　（のっぴきならない状況《じょうきょう》に追いつめられること。）

(2) □三□四　（何度もくり返すこと。）

(3) 以□伝□　（だまっていても気持ちが通じること。）

(4) □暴□棄　（やけになること。）

(5) 右□左□　（どうしてよいかわからず秩序《ちつじょ》なく動き回り、混乱状態にあること。）

〔大妻多摩中〕

3 次の四字熟語の□に入る生物を、漢字一字で答えなさい。(30点)

(1) 鶏口《けいこう》□後

(2) 南船北□

(3) 花□風月

(4) □頭狗肉《くにく》

(5) □耳東風

〔城西川越中―改〕

4 次の四字熟語のA・Bに入る数字を入れたとき、A＋Bが奇数になるものをすべて選び、記号で答えなさい。(10点)

ア A日B秋　イ A世B代　ウ A苦B苦

エ A石B鳥　オ A進B退　カ A差B別

（　　　）

〔和洋九段女子中―改〕

四字熟語(3)

1 次の四字熟語の読み方を書きなさい。(10点)

(1) 半信半疑（　　）
(2) 馬耳東風（　　）
(3) 臨機応変（　　）
(4) 青天白日（　　）
(5) 温故知新（　　）

2 次の□に漢字一字を入れて、文の意味にふさわしい四字熟語をつくりなさい。(50点)

(1) 彼《かれ》のけがは□業□得だ。
(2) どれを見ても□同□異だ。
(3) □光□火の早わざ。
(4) 彼の地位は□名□実となった。
(5) □戦□闘《とう》のすえ、勝利を手にした。

3 次の□には漢数字が一字ずつ入ります。あとから選び、四字熟語を完成させなさい(同じ漢字を何回つかってもよい)。(40点)

(1) □寒□温
(2) □変□化
(3) □望□里
(4) □拝□拝
(5) □日□秋
(6) □石□鳥
(7) □朝□夕
(8) □苦□苦
(9) □差□別
(10) □刻□金

一・二・三・四・五・六・七
八・九・十・百・千・万・億

（東京学芸大附属竹早中）

四字熟語(4)

月　日

時間 20分 【はやい15分・おそい25分】
合格 80点
得点　点

1 次の□に漢字を一字ずつ入れ、四字熟語を完成させなさい。また、その四字熟語が（　）に入る文をあとから選び、記号で答えなさい。(40点)

(1) 晴□□読
(2) □□未聞《みもん》
(3) 異□同□
(4) □刀□入
(5) 以心□□

(1)（　）(2)（　）(3)（　）
(4)（　）(5)（　）

ア このニュースは（　）の大事件になるだろう。
イ 時間に余裕《よゆう》がないので、（　）に言わせてもらおう。
ウ 金婚式をむかえた妻とは（　）の関係だ。
エ 運動会が中止されることに、六年生たちは（　）に反対を唱えた。
オ 勤めを定年退職したのち、郷里で（　）の生活をしている。

〔関東学院六浦中―改〕

2 次の（　）に入る四字熟語をあとから選び、記号で答えなさい。(30点)

(1) ささいなことを（　）に報告する。
(2) 自分の生き方を（　）には変えられない。
(3) 彼《かれ》は周囲の意見に（　）することが多い。

ア 一朝一夕　イ 針小棒大
ウ 自問自答　エ 付和雷同《らいどう》

〔佼成学園中―改〕

3 次の□に入る漢字一字をあとから選び、四字熟語を完成させなさい。(30点)

(1) 大同小□
(2) □心暗鬼《あんき》
(3) 因果応□

明・異・報・方・擬
疑・行・数・黒・秒

〔聖望学園中〕

四字熟語(5)

月　日

時間 20分【はやい15分・おそい25分】
合格 80点
得点　　点

1 次の□に漢字一字を入れて熟語を完成させ、その読み方を（　）に書きなさい。(56点)

(1) 異□同音（　　）
(2) 日□月歩（　　）
(3) 弱□強食（　　）
(4) 起死□生（　　）
(5) 適□適所（　　）
(6) □千山千（　　）
(7) 大器□成（　　）

2 次の□の漢字を使って四つの四字熟語をつくると、二つあまる漢字があります。その漢字を二つとも書きなさい。(8点)

秋・温・未・日・七・聞・鳥・故・転
二・千・倒・八・新・前・知・代・一

□・□

〔女子聖学院中〕

3 次の□に漢字一字を入れて、四字熟語を完成させなさい。(20点)

(1) □刀直入
(2) 不□流行
(3) 無病□災
(4) 百家争□
(5) □□強記

〔ラ・サール中〕

4 次の四字熟語の□には対になる語が入ります。その語を漢字で書きなさい。(16点)

(1) □往□往
(2) 空□絶□
(3) 針□棒□
(4) □耕□読

〔藤嶺学園藤沢中〕

四字熟語(6)

月　日

時間 20分【はやい15分・おそい25分】
合格 80点
得点　点

1 次の意味にあてはまる四字熟語をあとの語群から選び、漢字に直して書きなさい。(40点)

(1) 自分の利益になるように物事を進めること。

(2) とても悪い状態からよい状態へと戻《もど》らせること。

(3) いまだかつて聞いたことのないようなこと。

(4) やましいところがなく、堂々としている様子。

(5) 一生に一度しかないような貴重な出会い。

〔語群〕いちごいちえ・こうめいせいだい
がでんいんすい・きしかいせい
ぜんだいみもん・いくどうおん

〔かえつ有明中—改〕

2 次の□に共通する漢字一字を入れ、四字熟語を完成させなさい。(30点)

(1) 天□地異・千□万化

(2) 花鳥風□・日進□歩

(3) □我夢中・傍若《ぼうじゃく》□人

〔日本大第二中—改〕

3 次の文を、例にならって四字熟語に直しなさい(文は一部ひらがなにしてあります)。(30点)

例 名ありて実なし。　有名無実

(1) 故《ふる》きをあたためて新しきを知る。

(2) 口をことにし、音を同じくす。

(3) 意を用いること、周《あまね》く到《いた》る。

〔雙葉中〕

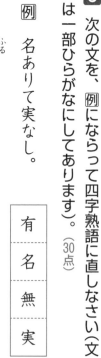

月　日

時間 20分 【はやい15分・おそい25分】
合格 80点
得点　点

1 次の——線の漢字の読み方を書きなさい。(50点)

(1) 小学校の生活を省みる。( )

(2) かれの潔い態度に感心する。( )

(3) 先生が児童を引率する。( )

(4) 機械を操作する。( )

(5) 貴重品を預ける。( )

(6) 目標達成のために精進する。( )

(7) これは、平安時代に建立された寺だ。( )

(8) お気に入りの、木綿でできたシャツ。( )

(9) 陰《かげ》であれこれ画策する。( )

(10) 秋の夕暮れは、感傷的な気持ちになる。( )

2 次の——線の漢字の読み方を書きなさい。(50点)

(1) 建物の構え。( )

(2) 通行を許可する。( )

(3) 険しい山道。( )

(4) 工夫して作る。( )

(5) 台風に備える。( )

(6) 川下に風がふく。( )

(7) 天然記念物。( )

(8) 仲間から外れる。( )

(9) 遺跡《いせき》の出土品を展示する。( )

(10) 友情に支えられる。( )

〔静岡英和女学院中―改〕

読み取り(2)

月　日

時間 20分【はやい15分・おそい25分】 得点

合格 80点 点

1 次の――線の漢字の読み方を書きなさい。(32点)

(1) 機械の操作。（　　）

(2) 表裏一体（　　）

(3) 分割する。（　　）

(4) 執念を燃やす。（　　）

(5) 尊い教え。（　　）

(6) 失敗は必至だ。（　　）

(7) 墓穴をほる（　　）

(8) 室町《むろまち》時代の法皇。（　　）

〔多摩大目黒中・中央大附属横浜中〕

2 次の――線の漢字の読み方を書きなさい。(28点)

(1) 宿題を済ませる。（　　）

(2) 夕日に映える。（　　）

(3) 階段をふみ外す。（　　）

(4) 勝負を競う。（　　）

(5) 判断を誤る。（　　）

(6) 期待に背く。（　　）

(7) 古都を訪れる。（　　）

〔横浜雙葉中〕

3 次の――線の漢字の読み方を書きなさい。(24点)

(1) 至急連絡《れんらく》する。（　　）

(2) 一切を任せる。（　　）

(3) 朗らかな兄弟。（　　）

(4) 無難な話題。（　　）

(5) 秘密を探る。（　　）

(6) 敵に包囲される。（　　）

〔清泉女学院中〕

4 次の――線の漢字の読み方を書きなさい。(16点)

(1) 入会を勧める。（　　）

(2) 目上の人を敬う。（　　）

(3) 許し難い行い。（　　）

(4) もめごとを裁く。（　　）

〔郁文館中〕

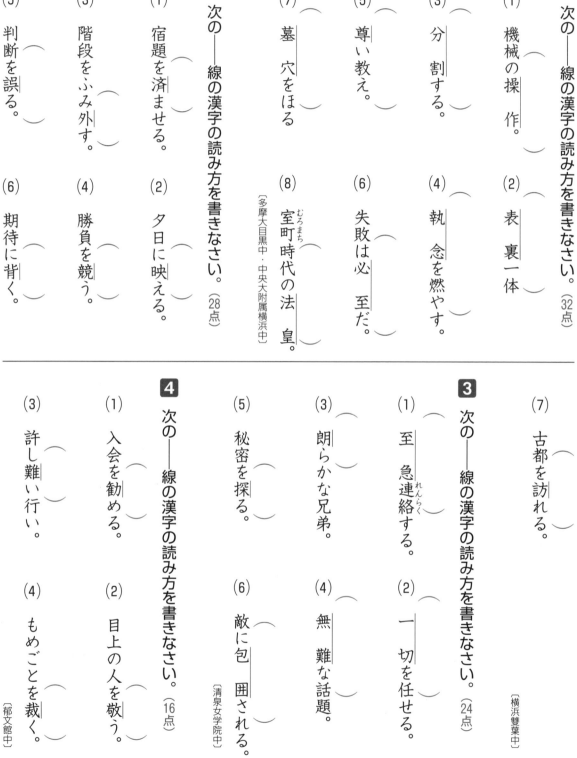

時間 20分【はやい15分・おそい25分】 合格 80点 得点 点 月 日

22日 読み取り(3)

1 次の――線の漢字の読み方を書きなさい。(20点)

(1) 果物( )
(2) 沿う( )
(3) 努める( )
(4) 縦列( )
(5) 省く( )

〔宮崎大附中〕

2 次の――線の漢字の読み方を書きなさい。(32点)

(1) 木立( )の中を歩く。
(2) 手を合わせて拝( )む。
(3) 社長に就任( )した。
(4) 体を後ろに反( )らす。
(5) 無造作( )。
(6) 使い方を誤( )る。
(7) 建物の由来( )。
(8) 右往左往( )する。

〔茗溪学園中―改〕

3 次の――線の漢字の読み方を書きなさい。(36点)

(1) 関心( )を持つ。
(2) 仮病( )を使う。
(3) 句読点( )の打ち方。
(4) 潔( )く謝る。
(5) 無精( )な人。
(6) 利己的( )な考え。
(7) 自( )ら行動する。
(8) 電車は帰省客( )で満員( )だ。

〔西南女学院中―改〕

4 次の――線の漢字の読み方を書きなさい。(12点)

(1) 内容がよければ体裁( )などはかまわない。
(2) かぜをひいたのか、しきりに悪寒( )がする。
(3) かれの意図( )するところがわからない。

〔早稲田実業学校中〕

読み取り(4)

月　日

時間 20分【はやい15分・おそい25分】　得点　点

合格 80点

1 次の――線の漢字の読み方を書きなさい。(44点)

(1) 目的地に到る。（　　）

(2) 強い口調で話す。（　　）

(3) 強情な人。（　　）

(4) 納得できる理由。（　　）

(5) 険しい山。（　　）

(6) 率先して行う。（　　）

(7) 時間を費やす。（　　）

(8) 争いを裁く。（　　）

(9) 席を外す。（　　）

(10) 神戸《こうべ》までの船賃。（　　）

(11) 強い吸引力。（　　）

〔南山中・同志社香里中―改〕

2 次の各組で、①は――線の漢字の訓読みを、②はその漢字をふくむ熟語を書きなさい。(56点)

例 ① 書き写（うつ）す。② [写生] する。

(1) ① 服装を整（　　）える。② 時間を[　　]する。

(2) ① 本を探（　　）す。② 平和な世界を[　　]する。

(3) ① 再起を図（　　）る。② 相手の[　　]を探る。

(4) ① 罪を暴（　　）く。② 物価が[　　]する。

(5) ① 荷物を担（　　）う。② 仕事の[　　]が重すぎる。

(6) ① 選手を率（　　）いる。② [　　]な意見を求める。

(7) ① 職に就（　　）く。② 念願が[　　]する。

〔甲陽学院中―改〕

23日 読み取り(5)

月　日

時間 20分【はやい15分・おそい25分】
合格 80点
得点　点

1 熟語の中では、漢字二字の組み合わせのものが、いちばんたくさんあります。その二つの漢字の間には、意味のうえで次のような関係があります。

ア 対になる意味が重なったもの。 例 天地
イ 似たような意味が重なったもの。 例 頂上
ウ 上が下を修飾《しゅうしょく》するもの。 例 童顔
エ ──に、──をが下の漢字につくもの。 例 登山
オ 上が下を打ち消しているもの。 例 無害

次の熟語をア～オに分類し、その読みを書きなさい。(40点)

(1) 養蚕（　・　）
(2) 除外（　・　）
(3) 純白（　・　）
(4) 進退（　・　）
(5) 非番（　・　）
(6) 古今（　・　）
(7) 鉄鋼（　・　）
(8) 熱風（　・　）
(9) 未完（　・　）
(10) 納税（　・　）

〔愛媛大附中〕

2 次の各問いに答えなさい。

(1) 次の漢字のうち、画数の最も多い漢字と最も少ない漢字を書き、それぞれの音訓の読みを書きなさい。(30点)

確・望・築・勧・続

〈最多〉□ 音（　） 訓（　）
〈最少〉□ 音（　） 訓（　）

(2) 次の漢字の読み方を書きなさい。(6点)

① 句読点（　）
② 注目（　）

〔聖学院中〕

3 次の漢字の読み方を書きなさい。(24点)

(1) 設（　）ける
(2) 解（　）く
(3) 覚（　）める
(4) 省（　）みる
(5) 断（　）る
(6) 浴（　）びる

読み取り(6)

月　日

時間 20分 【はやい15分・おそい25分】
合格 80点
得点　点

1 次の□に入る漢字をあとから選び、熟語をつくりなさい。(12点)

(1) □造　(2) □失　(3) 建□

置・設・善・過・正・創

〔聖学院中〕

2 次の――線の漢字の読み方を書きなさい。(20点)

(1) 冬至(　　)は夜がいちばん長い。

(2) 雨になる気配(　　)がする。

(3) 子孫(　　)に伝える。

(4) 務(　　)めを果たす。

(5) 親の恩に報(　　)いる。

〔戸板中〕

3 次の漢字の読み方を書きなさい。(20点)

(1) 風情(　　)　(2) 遠(　　)い

(3) 氷(　　)　(4) 金物(　　)

(5) 絵画(　　)

〔日出女子学園中〕

4 次の漢字の読み方を書きなさい。(24点)

(1) 治安(　　)　(2) 反物(　　)

(3) 都合(　　)　(4) 発起人(　　)

(5) 定規(　　)　(6) 転(　　)ぶ

〔東海中〕

5 次の――線の漢字の読み方を書きなさい。(24点)

(1) 階段を設(　　)ける。

(2) 計画の意図(　　)。

(3) 「強情(　　)なやつだ。」と彼《かれ》は言った。

(4) じっと無言(　　)のまま考え続ける。

(5) やはり天然(　　)のもののほうがいい。

(6) 赤ちゃんの笑顔(　　)。

24日 読み取り(7)

月　日

時間 20分【はやい15分・おそい25分】　得点　点
合格 80点

1 次の――線の漢字の読み方を書きなさい。（90点）

(1) 尺度を統一する。（　）
(2) 水郷地帯を視察する。（　）
(3) 説明を割愛する。（　）
(4) 果物が傷む。（　）
(5) 雑木林をながめる。（　）
(6) 厳かに式典がとりおこなわれる。（　）
(7) 法によって裁かれる。（　）
(8) 討幕の計画をたてる。（　）
(9) 悪事に荷担してはいけない。（　）
(10) 机の上を整理する。（　）
(11) お墓に線香を供える。（　）
(12) 制服を貸与する。（　）
(13) 穀倉地帯が広がる。（　）
(14) 雌雄を決する。（　）
(15) 練習に時間を割く。（　）

〔聖学院中・淑徳与野中―改〕

2 次の――線の漢字の読み方を書きなさい。（10点）

(1) 変化が著しい。（　）
(2) 華《はな》やかさを競う。（　）

〔淑徳与野中〕

読み取り(8)

月　日

時間 20分【はやい15分・おそい25分】
合格 80点
得点　　点

1 次の――線の漢字の読み方を書きなさい。(25点)

(1) 地図の縮尺。（　　）

(2) 青銅製の置物。（　　）

(3) 往来の激しい通り。（　　）

(4) 頭上に注意する。（　　）

(5) 植物の分布を調べる。（　　）

〔明治学院中〕

2 次の――線の漢字の読み方を書きなさい。(20点)

(1) 水を注ぐ。（　　）

(2) 奮ってご参加ください。（　　）

(3) 安否をたずねる。（　　）

(4) 戸外で運動する。（　　）

〔日本大第二中―改〕

3 次の――線の漢字の読み方を書きなさい。(40点)

(1) 厳重に保管する。（　　）

(2) 台風に備える。（　　）

(3) 至急連絡《れんらく》ください。（　　）

(4) 費用を負担する。（　　）

(5) 人を訪ねる。（　　）

〔東京学芸大附属世田谷中〕

4 次の――線の漢字の読み方を書きなさい。(15点)

(1) 必死の形相で走るランナー。（　　）

(2) 沿道は応援する人でいっぱいだ。（　　）

(3) 競り合いのすえ優勝者が決まった。（　　）

〔日本大豊山女子中〕

読み取り(9)

月　日

時間 20分【はやい15分・おそい25分】
合格 80点
得点　　点

1 次の漢字の読み方を書きなさい。(40点)

(1) 寒波（　　）
(2) 極細（　　）
(3) 定石（　　）
(4) 布教（　　）
(5) 河川（　　）
(6) 段階（　　）
(7) 一対（　　）
(8) 保存（　　）
(9) 最寄（　　）り
(10) 盛（　　）る

〔聖園女学院中―改〕

2 次の――線の漢字の読み方を書きなさい。(40点)

(1) 雨垂れの音がする。（　　）
(2) 資源が豊富だ。（　　）
(3) 荒《あ》れた土地を耕す。（　　）
(4) 茶道の作法を学ぶ。（　　）
(5) 思い出を胸に刻む。（　　）
(6) 祖父を敬う。（　　）
(7) 貴重な経験をした。（　　）
(8) そんなのは言語道断だ。（　　）

〔茗溪学園中〕

3 次の――線の漢字の読み方を書きなさい。(20点)

(1) 武者ぶるい。（　　）
(2) 得手不得手。（　　）
(3) うそも方便。（　　）
(4) 春の装い。（　　）
(5) 商いをする。（　　）

〔サレジオ学院中〕

読み取り⑽

月　日

時間 20分【はやい15分・おそい25分】
合格 80点
得点　　点

1 次の——線の漢字の読み方を書きなさい。（30点）

(1) のんびりと構える。（　　）

(2) 身体を反らす。（　　）

(3) 先生から助言を受ける。（　　）

(4) 干潮の海で貝をとる。（　　）

(5) 妹は年の割に分別がある。（　　）

〔関東学院六浦中〕

2 次の——線の漢字の読み方を書きなさい。（16点）

(1) すっかり降参する。（　　）

(2) 正しい処置をする。（　　）

---

3 次の——線の漢字の読み方を書きなさい。（30点）

(1) 正確なデータに基づいて結論を出す。（　　）

(2) 道路に砂利がしかれている。（　　）

(3) 率先して教室をそうじする。（　　）

(4) 親友から受けた恩に報いる。（　　）

(5) 工場で働くことを強いられる。（　　）

〔東京電機大中〕

4 次の——線の漢字の読み方を書きなさい。（24点）

(1) 本を著す。（　　）

(2) 委員長に推す。（　　）

(3) 貴い資料。（　　）

(4) 美しい夕映え。（　　）

〔浦和実業学園中―改〕

書き取り(1)

1 次の□に漢字を書きなさい。(28点)

(1) アツい
□い日。
紙が□い。

(2) サイ
□害。
夫□。

〔静岡大附中―改〕

2 次の□に漢字を書きなさい。(32点)

(1) ごみを□《ひろ》う。

(2) 船の□《そこ》が当たる。

(3) 今年は□《さむ》い。

(4) □□《さいしょ》が大切。

(5) 通行□□《きんし》。

(6) □□《さいのう》がある。

(7) あの人は□《はな》が高い。

(8) 食料品店を□《いとな》む。

〔静岡英和女学院中―改〕

3 次の熟語を漢字で書きなさい。また、その熟語の組み立てはあとの熟語のどれと同じですか。記号で答えなさい。(32点)

(1) □□《かいどう》沿いの店。（　）

(2) みかんの□□《しゅっか》が多い。（　）

(3) □□《いんしょく》物をとる。（　）

(4) 朝夕の□□《かんだん》の差。（　）

ア 大小　イ 過去　ウ 川上　エ 求人

〔桜蔭中〕

4 次の□に漢字を書きなさい。(8点)

(1) □□《きちょう》品は身につける。

(2) 親の恩に□《むく》いる。

〔白百合学園中〕

書き取り⑵

月　日

時間 20分【はやい15分・おそい25分】
合格 80点
得点　点

1 次の□に漢字を書きなさい。(20点)

(1) 石につまずいて□《ころ》んだ。

(2) 彼《かれ》の□□《しょくぎょう》は医者だ。

(3) 社会に□□《がいどく》を流す。

(4) 長年の□□《ふうせつ》にたえた建物。

(5) 彼が失敗するとは□□《いがい》だ。

〔成城学園中〕

2 次の□に漢字を書きなさい。(80点)

(1) かばんを肩《かた》から□《さ》げる。

(2) 校庭に□《せい》ぞろいする。

(3) 的を□《い》る。

(4) □《す》っぱいりんご。

(5) 駅に□《つ》く。

(6) 時間を□《さ》く。

(7) 目が□《さ》める。

(8) 野菜を□《あきな》う店。

(9) 胸を□《そ》らす。

(10) 比較《ひかく》□□《たいしょう》。

(11) □□《ゆうせん》席。

(12) □□《はんが》を作る。

(13) □□《せんもん》の分野。

(14) □□《なっとく》がいく。

(15) □□《けいりゃく》をめぐらす。

(16) 赤ちゃんの□□《むしん》な笑顔。

〔フェリス女学院中・慶應義塾普通部―改〕

27日 書き取り(3)

月　日

時間 20分【はやい15分・おそい25分】 得点　点
合格 80点

1 次の□に漢字を書きなさい。(18点)

(1) 海が□□《かんちょう》になる時間だ。

(2) 日本の□□《ぼうえき》が年々盛《さか》んになる。

(3) こわれた橋の□□《しゅうふく》を急いだ。

〔早稲田実業学校中―改〕

2 次の□に漢字を書きなさい。(24点)

(1) 五つ子たちが□《すこ》やかに育つ。

(2) ノーベル賞が□《さず》けられた。

(3) □□《きゅうきゅう》車が近づいてきた。

(4) 延長戦に□《やぶ》れる。

〔立教中〕

3 次の文中のまちがった漢字を、□に正しく書き直しなさい。(30点)

(1) 客の応待をする。 □

(2) 生徒を引卒する。 □

(3) 成積が向上する。 □

(4) 親考行な人です。 □

(5) 交通安全の評語。 □

〔郁文館中〕

4 次の言葉を漢字に直し、必要なものは送りがなをつけて書きなさい。(28点)

(1) 外国選手を日本に（　　）《まねく》。

(2) （　　）《てんさい》は忘れたころにやってくる。

(3) 会場の（　　）《いよう》な雰囲気《ふんいき》。

(4) （　　）《けわしい》山に登る。

〔昭和女子大附属昭和中〕

書き取り(4)

月　日

時間 20分【はやい15分・おそい25分】　合格 80点　得点　点

1 次の□に漢字を書きなさい。(80点)

(1) 彼《かれ》の第一□□《いんしょう》はあざやかだった。

(2) 試合の形勢は一挙に□□《ぎゃくてん》した。

(3) □□《しょうたい》状が送られてきた。

(4) その問題についての□□《とうぎ》が続く。

(5) この大会での優勝は□□《しなん》のわざだ。

(6) □□《ゆうびん》切手を集める。

(7) この品は一年間の□□《ほしょう》がつく。

(8) 今年の夏は□《あつ》い日が少なかった。

(9) 生徒会の□《ふく》会長になる。

(10) テレビが□□《こしょう》した。

〔桐蔭学園中―改〕

2 次の□に漢字を書きなさい。(20点)

(1) 山の□《いただき》から美しい景色を見た。

(2) かぜ薬が□《き》き始めた。

(3) 母がはさみで布地を□《た》っています。

(4) 問題の解決を□《はか》るようにした。

(5) □《あたた》かそうな洋服を買った。

〔明治大付属明治中〕

書き取り(5)

月　日

時間 20分【はやい15分・おそい25分】

合格 80点

得点　　点

1 次の□に漢字を書きなさい。(30点)

(1) 学問を□《おさ》める。

(2) □□《ふくざつ》な問題。

(3) □□《いぎ》のある仕事。

(4) 年々人口が□□《げんしょう》する。

(5) □□《こうか》な本を買う。

〔南山中女子部〕

2 次の□に漢字を書きなさい。(28点)

(1) 仕事が□《す》んだ。

(2) 作品の□□《てんじ》。

(3) 本より多くの□□《ちしき》を得る。

(4) 足りないところを□《おぎな》う。

〔宮崎大附中―改〕

3 次の□に漢字を書きなさい。(12点)

(1) 成功を□□《かくしん》する。

(2) 事業発展の□□《かてい》。

(3) その意見に□□《いろん》はない。

〔明治大付属中野中〕

4 次の□に漢字を書きなさい。(30点)

(1) □□《しや》を広げる。

(2) □□《よび》の電池。

(3) 文字に□□《かんしん》を持つ。

(4) あやまちを□《せ》める。

(5) 動物園の□□□《にゅうじょうけん》。

〔富山大附中―改〕

書き取り(6)

月　日

時間 20分 【はやい15分・おそい25分】
合格 80点
得点　点

1 次の□に漢字を書きなさい。(20点)

(1) 自分の□《たし》かな考えを持つ。

(2) 千代紙でつるを□《お》る。

(3) 私はこの□□《ふうけい》が大好きだ。

(4) 規則正しい生活□□《しゅうかん》。

(5) この問題は□□《かんしん》が持たれている。

〔松蔭中―改〕

2 次の各文にはまちがった漢字が一字入っているかもしれません。まちがいがなければ○を、まちがいがあれば、例にならってその一字を正しい漢字に直して書きなさい。(56点)

例 電話で応待する。（　）待→対

例 責任を持って問題を解決。（○）□→□

(1) 会議の決論を出す。（　）□→□

(2) 本の目示を調べる。（　）□→□

(3) 予習復習をする。（　）□→□

(4) 絶対絶命のピンチ。（　）□→□

(5) 君の考えは利個主義だ。（　）□→□

(6) 雪の積もった住来。（　）□→□

(7) 週間誌や新聞が散乱。（　）□→□

〔淳心学院中〕

3 次の□に漢字を書きなさい。(24点)

(1) □□《かいてき》

(2) □□《かいりょう》

(3) □□《けいえい》

(4) □□《きけん》

〔武庫川中〕

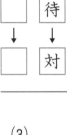

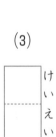

29日 書き取り(7)

時間 20分【はやい15分・おそい25分】
合格 80点
得点　点

1 次の□に漢字を書きなさい。(60点)

(1) 仕事を□《す》ます。
(2) 光を□《あ》びる。
(3) 神を□《うやま》う態度。
(4) □□《ゆだん》するな。
(5) 学問を□《きわ》める。
(6) □《せい》を出す。
(7) □《けわ》しい山道。
(8) 友を□《たず》ねる。
(9) 勇気を□《ふる》い起こす。
(10) □《ひ》のうちどころがない生徒。
(11) 手を腰《こし》に当てて□《そ》り身になる。
(12) □□《きちょう》な文化財。

〔淳心学院中―改〕

---

2 次の□に漢字を書きなさい。(40点)

(1) 人を□□《しんよう》する。
(2) バスの□□□《ていきけん》を落とす。
(3) □□《のうりつ》よく働く。
(4) 時間を□《つい》やす。
(5) アルカリ性か□《さん》性かを調べる。
(6) □□《そんけい》する人。
(7) 彼《かれ》は□□《しんこく》な顔をしている。
(8) バラの□《め》が出る。

〔西南女学院中〕

書き取り(8)

時間 20分【はやい15分・おそい25分】
合格 80点
得点　　点

1 次の□に漢字を書きなさい。(42点)

(1) □□《じょうき》のつゆで白くくもる。

(2) 都心の□《つと》めに出ていった。

(3) 雪の日に□《と》じこもっていた。

(4) 血がかけ上るような□□《こうふん》を感じる。

(5) 天人の声でその歌を□《とな》え出す。

(6) 石器時代の習性の□□《なごり》であろう。

(7) 彼《かれ》は仕事の□□《あいぼう》だ。

〔洛星中〕

2 次の各文の中の誤字を見つけ、正しい漢字に直して書きなさい。(40点)

(1) 真倹に勉強する。（　→　）

(2) 歴史に感心がある。（　→　）

(3) 日本を従断する旅。（　→　）

(4) 問題を見当した。（　→　）

〔横浜共立学園中―改〕

3 次の□に漢字を書きなさい。(18点)

(1) こよみの上で□□《とうじ》は過ぎた。

(2) 野原には春の□《きざ》しが現れた。

(3) こん虫の□□《うか》を見る。

〔海城中―改〕

時間 20分【はやい15分・おそい25分】 合格 80点 得点 点 月 日

30日 書き取り(9)

1 次の――線のカタカナを漢字に直しなさい。(40点)

(1) 病気がカイホウに向かう。( )
(2) ボッカ的な詩を書く作家。( )
(3) エンガン漁業。( )
(4) ユウラン船に乗る。( )
(5) 彼《かれ》と私はムニの親友。( )
(6) そろそろシオドキだ。( )
(7) 大学のソウシ者について調べる。( )
(8) シュクガ会を催《もよお》す。( )

〔市川中〕

2 次の――線のカタカナを漢字に直しなさい。(30点)

(1) シカクを取る。( )
(2) 身のチヂむ思い。( )
(3) キケンな行動。( )
(4) 楽団のシキをする。( )
(5) サイバンショ。( )
(6) 頭がコンランする。( )

〔桜美林中―改〕

3 次の――線のカタカナを漢字に直しなさい。必要な場合は送りがな(ひらがな)も書くこと。(30点)

(1) タダチニ出発する。( )
(2) 血筋がトダエル。( )
(3) アシバヤに立ち去る。( )
(4) お店をイトナム。( )
(5) 留学をココロザス。( )
(6) うまくハカラウ。( )

〔星野学園中―改〕

書き取り⑽

月　日

時間 20分【はやい15分・おそい25分】
合格 80点
得点　点

1 次の――線のカタカナを漢字に直しなさい。必要な場合は送りがな(ひらがな)も書くこと。(40点)

(1) 仕事のフタンを軽くする。( )
(2) センモンの知識。( )
(3) 映画のヒヒョウを読む。( )
(4) 自由と責任はヒョウリ一体のものだ。( )
(5) ツウカイな出来事。( )
(6) ホガラカに笑う。( )
(7) 町の変化がイチジルシイ。( )
(8) 大事な用事を心にトメル。( )

〔日本大第一中―改〕

2 次の――線のカタカナを漢字に直しなさい。(60点)

(1) ソツギョウシキまであとわずかだ。( )
(2) みんなの前で意見をノベる。( )
(3) ユウキを出して立ち向かう。( )
(4) 新しい土地にイテンする。( )
(5) コウキュウな店。( )
(6) ユウエキな書物。( )
(7) 人命キュウジョ。( )
(8) ジュンジョを守る。( )
(9) 機械のソウサ。( )
(10) イフクを着がえる。( )

〔日本大第三中―改〕

中学入試 模擬テスト(1)

時間 20分【はやい15分・おそい25分】　得点　点
合格 80点

1 次の漢字の読み方を書きなさい。(18点)

(1) 確実（　）
(2) 発芽（　）
(3) 河川（　）
(4) 油断（　）
(5) 留守（　）
(6) 共鳴（　）
(7) 破損（　）
(8) 有益（　）
(9) 追加（　）

〔愛国中〕

2 次の□に漢字を書きなさい。(28点)

(1) 昭和□□《きち》。
(2) 機械の□□《こうぞう》。
(3) 畑に□□《ひりょう》をまく。
(4) □□《しょうそく》を□《た》つ。
(5) □《いさぎよ》く□□《はくじょう》する。

〔玉川学園中〕

3 次の□に漢字を入れて、正しい熟語にしなさい(同じ漢字は一度しか使えない)。(36点)

(1)
① □《さい》心
② □《さい》限
③ □《さい》能
④ □《さい》害
⑤ □《さい》用
⑥ □《さい》子

(2)
① □《とう》至
② □《とう》派
③ □《とう》一
④ □《とう》場
⑤ □《とう》弁
⑥ □《とう》論

〔甲陽学院中〕

4 次の部首を持つ漢字をあとから選び、記号で答えなさい。(18点)

(1) りっとう（　）
(2) やまいだれ（　）
(3) さんずい（　）
(4) にんべん（　）
(5) おおがい（　）
(6) こざとへん（　）

ア 病　イ 席　ウ 待　エ 使　オ 財
カ 流　キ 類　ク 割　ケ 都　コ 陸

〔鶴見女子中〕

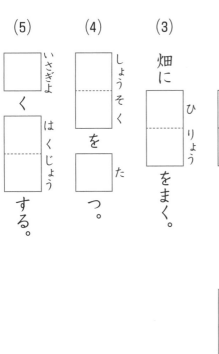

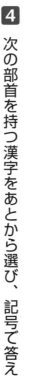

中学入試 模擬テスト(2)

時間 20分 【はやい15分・おそい25分】	得点
合格 80点	点

月　日

1 次の□に漢字を書きなさい。(30点)

(1)
① ここは家具□《せんもん》の店です。
② □《てんもん》科学館へ行った。

(2)
① 勉強は□《ふくしゅう》が大切です。
② □《ふくざつ》な出入りをする海岸。
③ □《こうふく》な家庭生活をする。

2 次の漢字の画数(算用数字)を（　）に書きなさい。また、部首名をあとから選び、〔　〕に記号で答えなさい。(40点)

(1) 腸（　）〔　〕
(2) 欲（　）〔　〕
(3) 犯（　）〔　〕
(4) 預（　）〔　〕

ア つきへん　イ こざとへん　ウ けものへん　エ おおがい　オ まだれ　カ しんにょう　キ あくび　ク にくづき　ケ もんがまえ

〔玉川学園中〕

3 次の漢字の正しい筆順を選び、記号で答えなさい。(30点)

(1)
ア 一 丅 丌 耳
イ 一 丅 𠀍 耳
ウ 一 丅 𠀍 耳 耳
（　）

(2)
ア ㇇ 入 癶 癸 発
イ ㇇ ㇇ 入 癶 癸 発
ウ ㇇ ㇇ ㇇ 癶 癶 癸 発
（　）

(3)
ア ソ 乂 必 必
イ 丶 八 必 必
ウ 丶 心 心 心 必
（　）

(4)
ア 一 厂 匚 馬 馬
イ 一 三 巨 馬 馬 馬
ウ 丨 厂 匚 馬 馬
（　）

(5)
ア 𠂉 午 無 無 無
イ 𠂉 㒳 無 無 無
ウ 𠂉 午 無 無 無
（　）

(6)
ア 𦥑 𦥑 𦥑 興
イ 𦥑 𦥑 𦥑 興
ウ 𦥑 𦥑 𦥑 興
（　）

〔香川大附属高松中〕

中学入試 模擬テスト(3)

時間 20分【はやい15分・おそい25分】　得点　点
合格 80点

1 次の――線の漢字の読み方を書きなさい。（16点）

(1) 注ぐ（　）
(2) 親しむ（　）
(3) 果たす（　）
(4) 編む（　）
(5) 任せる（　）
(6) 易しい（　）
(7) 備える（　）
(8) 述べる（　）

〔広島城北中〕

2 次の□に上の音に当たる適当な漢字を入れて、熟語を完成させなさい。（42点）

(1) ケイ
① □式
② □験
③ 模□
④ □統
⑤ □算
⑥ □内
⑦ □品
⑧ 尊□
⑨ □重

(2) カン
① □行物
② □理
③ □結
④ □病
⑤ 器□

3 次の□に漢字を書きなさい。（24点）

(1) 生活を□《いとな》む。
(2) □《こころよ》いそよ風。
(3) 群れを□《ひき》いる。
(4) 敵を□《しりぞ》ける。
(5) 畑を□《たがや》す。
(6) 友達を□《よ》ぶ。
(7) 宿題を□《わす》れる。
(8) □《したが》う。

〔賢明女子学院中〕

4 次の――線の漢字の部首名をひらがなで書きなさい。（18点）

(1) 身体ケンサを受ける。（　）
(2) 南極カンソク隊。（　）
(3) これはかれのコウセキだ。（　）
(4) 早起きのシュウカン。（　）
(5) 米をユシュツする。（　）
(6) 本をアラワす。（　）

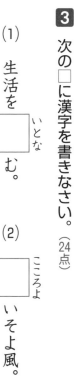

中学入試 模擬テスト(4)

月　日

時間 20分 【はやい15分・おそい25分】
合格 80点
得点　点

1 次の上の漢字と同じ読み方をしないものを一つずつ選び、記号に○をしなさい。(20点)

(1) 砂（ア査　イ在　ウ左　エ差　オ作）
(2) 至（ア姉　イ視　ウ私　エ治　オ詞）
(3) 笑（ア傷　イ障　ウ城　エ正　オ松）
(4) 速（ア属　イ則　ウ側　エ息　オ束）
(5) 鋼（ア候　イ効　ウ康　エ黄　オ業）

〔金蘭千里中―改〕

2 次の条件にあてはまる熟語をあとから二つずつ選び、記号で答えなさい。(20点)

(1) 意味の似た字を重ね、一つの意味を表す言葉にしたもの。（　・　）
(2) 反対の意味の字を重ねて、比較《ひかく》対照させたりするもの。（　・　）
(3) 主語と述語の関係にあるもの。（　・　）
(4) 上の漢字の意味が、下の漢字の意味を修《しゅう》飾《しょく》しているもの。（　・　）
(5) 下の漢字の意味が、上の漢字の意味の目的などを示すもの。（　・　）

ア 求人　イ 公私　ウ 過失　エ 市立
オ 外界　カ 永久　キ 東西　ク 日没《にちぼつ》
ケ 読書　コ 急行

〔金蘭千里中〕

3 次の熟語と反対の意味を持つ熟語、またはよく似た意味を持つ熟語をあとから選び、記号で答えなさい。(60点)

(1) 原因（　）　(2) 良否（　）
(3) 具体（　）　(4) 形式（　）
(5) 失敗（　）　(6) 許可（　）
(7) 向上（　）　(8) 安全（　）
(9) 予習（　）　(10) 公平（　）
(11) 同意（　）　(12) 全体（　）

ア 復習　イ 実質　ウ 部分　エ 危険
オ 賛成　カ 禁止　キ 抽象　ク 結果
ケ 平等　コ 成功　サ 善悪　シ 進歩

〔高知学芸中〕

中学入試模擬テスト(5)

時間 20分【はやい15分・おそい25分】
合格 80点
得点　点

1 次の□に漢字を書きなさい。(40点)

(1) 動物の□《しゅうせい》・□《しゅうせい》案

(2) 仏の道を□《と》く・問題を□《と》く

(3) □《かんたい》地方・試合の□《かんきゃく》

(4) 婦人□《さんせい》権・□《さんせい》食品

〔高知学芸中〕

2 次の筆順のきまりにあてはまる漢字を、それぞれ二つずつあとから選んで書きなさい。(20点)

(1) つらぬく縦画はあとで書く。□・□

(2) 左ばらいを先に書く。□・□

(3) 中の画を先に書く。□・□

(4) つらぬく横画はあとに書く。□・□

衆・庫・有・毎・左・船
楽・道・洋・友・右・性

〔高知大附中〕

3 次の――線のカタカナを漢字に直しなさい。(40点)

(1) 計画をネる。(　)

(2) キュウゴ室。(　)

(3) シュシャ選択。(　)

(4) モッカ調査中。(　)

(5) 桜ナミキ。(　)

(6) カンソな住まい。(　)

(7) お金のクメン。(　)

(8) シンミになる。(　)

(9) オモニを背負う。(　)

(10) 快くショウチする。(　)

〔栄東中―改〕

中学入試 模擬テスト(6)

1 次の漢字の二つの音読みをカタカナで書き、その音読みを使った熟語を書きなさい。(64点)

例 土（ド）（ト）　国土　土地

(1) 力（　）（　）

(2) 元（　）（　）

(3) 模（　）（　）

(4) 大（　）（　）

〔賢明女子学院中〕

2 （　）の中の意味を参考にして、漢字二字の熟語を書きなさい。(12点)

(1) こわれた自転車を□（直すこと）する。

(2) 重要書類を金庫に□（大切にしまっておく）する。

(3) 冬の登山はたいへん□（あぶない）だ。

〔帝塚山中〕

3 次の□にあてはまる漢字をあとから選び、三字の熟語をつくりなさい。(24点)

(1) 伝□病

(2) 定□便

(3) 演□会

(4) 呼□器

(5) 文□財

(6) 乳□児

幼・人・収・化・奏・期
明・吸・産・成・染・源

〔啓光学園中〕

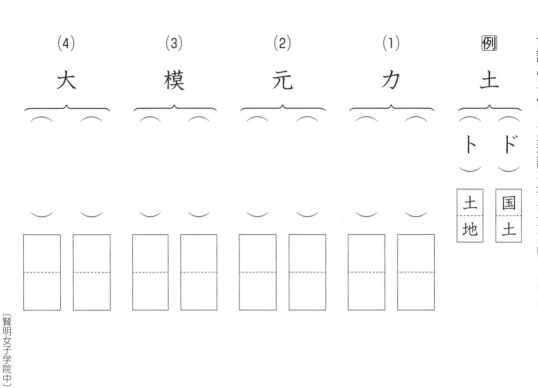

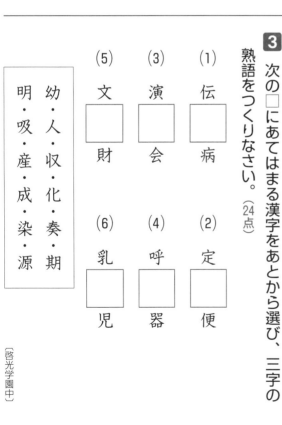

中学入試 模擬テスト(7)

月　日

時間 20分【はやい15分・おそい25分】　得点　点
合格 80点

1 次の□には、漢字二字の熟語が入ります。あてはまる言葉をあとから選び、漢字に直して書きなさい。(30点)

(1) 討論が終わって、議案の□に移る。

(2) □用の植物。

(3) 品質を□する。

(4) 旅に出て、□的な気持ちになる。

(5) 権利を□する。

カンショウ・サイケツ・ホショウ

〔神戸大附中〕

2 次の漢字を組み合わせて、(1)〜(5)に合う熟語を五組つくりなさい(漢字は一度使うこと)。(30点)

〔歌・学・市・男・書・立・習・読・短・女〕

(1) 意味上、上にある漢字が下にある漢字を修飾《しゅうしょく》している熟語。□

(2) 意味の上で漢字の順序が逆になって結びついている熟語。□

(3) 反対の意味の漢字を結びつけてできた熟語。□

(4) 上の漢字が主語の、下の漢字が述語の働きをしている熟語。□

(5) 意味の上で似ている漢字を結びつけてできた熟語。□

〔群馬大附中〕

3 次の——線の言葉を漢字に直して書きなさい。(40点)

郷里の祖父母を①タズねた。近くのK温泉は山並みが美しく、②ケイショウの地として有名だ。温泉③ガイに出向き、父と二人で湯を④アびると、長い⑤タビジの疲《つか》れもすっかり癒《い》えた。

① □　② □　③ □　④ □　⑤ □

〔栄光学園中—改〕

月　日

時間 20分【はやい15分・おそい25分】

合格 80点

得点　　点

1

次の——線の熟語の意味をあとから選び、記号で答えなさい。(20点)

(1) カルガモの営巣池を探す。(　　)

(2) 遊びに無我夢中になる。(　　)

(3) 辺りに暮色がたちこめる。(　　)

(4) 枝葉末節にこだわらない。(　　)

(5) パーティーに盛装して出かける。(　　)

ア こまかい事がら。
イ 夕方のうすぐらい色。
ウ はなやかに着かざること。
エ 動物がすを作るいけ。
オ 熱中して心をうばわれること。

2

次の(1)～(4)の二つの漢字の間に漢字一字を入れ、上二字、下二字ともにそれぞれ意味のある熟語をつくりなさい。(40点)

例 食　道　器　具

(1) 外　□　□　物

(2) 完　□　□　果

(3) 数　□　□　数

(4) 来　□　□　間

(甲南中)

3

次の(　)には——線の漢字の読みを、□には漢字を書きなさい。(40点)

(1) 大雪による損害。(　　)

(2) 薬品の副作用。(　　)

(3) 健やかな成長。(　　)

(4) 不足を補う。(　　)

(5) 新聞の□□《いんさつ》。

(6) 文集の□□《へんしゅう》。

(7) □□《とうひょう》権を得る。

(8) 品物を□《とど》ける。

中学入試 模擬テスト(9)

時間 20分【はやい15分・おそい25分】　得点　点

合格 80点

1 次の□にあてはまる言葉をあとから選び、漢字に直して書きなさい。(30点)

(1) 岩を□砕《さい》する。

(2) 未□に防ぐ。

(3) 米や麦などの□物。

(4) □私混同する。

(5) あの大どろぼうも□心したらしい。

カイ・コウ・コク・ゼン・フン

〔芝中―改〕

2 次の□には共通の言葉が入ります。それぞれ漢字一字で答えなさい。(21点)

(1)
お前の出る□ではない。
江戸《えど》□府。
光がもれないよう暗□を張る。
□

(2)
家族で食卓《しょくたく》を□む。
□碁《ご》のルールがわからない。
身長と胸□を測る。
□

(3)
雨□れの音を聞く。
□直な線を引く。
実るほど頭を□れる稲穂《いなほ》かな
□

〔獨協中〕

3 次の□に漢字一字を入れ、類義語を完成させなさい。(21点)

(1) 美点＝□所

(2) 発達＝□歩

(3) 重視＝□重

〔法政大第二中〕

4 次の――線のカタカナを漢字に直しなさい。(28点)

(1) ロンより証拠《しょうこ》（　　）

(2) セに腹は代えられぬ（　　）

(3) イッキョ両得（　　）

(4) 一進イッタイ（　　）

〔関東学院中―改〕

中学入試 模擬テスト(10)

時間 20分【はやい15分・おそい25分】 合格 80点 得点 点 月 日

1 熟語には同じような意味の漢字を重ねてできたものがあります。次の□にあてはまる言葉をあとから選び、漢字に直して書きなさい。(48点)

(1) □康　(2) 温□

(3) 幸□　(4) 燃□

(5) □庫　(6) 絵□

(7) 児□　(8) 簡□

イ・ガ・ケン・ソウ・ダン
ドウ・フク・ショウ

〔昭和女子大附属昭和中〕

2 次の文中に用いられている漢字にまちがいがなければ○を、まちがいがあればぬき出して、正しい漢字に直して書きなさい。(40点)

(1) 大洋を航海する魚船。(　→　)

(2) 以外なできごとに驚《おどろ》く。(　→　)

(3) 友人にノートを返す。(　→　)

(4) 図書館から本を貸りる。(　→　)

(5) 国語の成積が上がった。(　→　)

〔玉川聖学院中等部〕

3 次の空欄《くうらん》A、Bに適切な漢字を一つ入れると、二つの二字熟語と、一つの三字熟語が完成します。空欄A、Bに入る漢字をそれぞれ答えなさい。(12点)

例

近	A
	間
身	B

A 世　B 体

(1)

降	A	
	景	
	B	紙

A □　B □

(2)

	A	空
	面	
科	B	

A □　B □

〔公文国際学園中―改〕

解答

漢字1級

1ページ

1 (1)たんけん (2)ししん (3)かち (4)なみきみち (5)らんりつ (6)せいいき (7)かんか (8)しんこく

2 (1)しゅうしょく (2)しょぶん (3)せんもん (4)かんしゅう (5)つうかい (6)ごうひ (7)きぼ (8)いよく

3 (1)けいず (2)しゃそう (3)せいとう (4)じが (5)どしゃ (6)じゃっかん (7)きずぐち (8)さとう・らんぱく

2ページ

1 (1)納得 (2)頂上 (3)片道 (4)同盟 (5)表裏 (6)延長 (7)派手・看板 (8)勤勉

2 (1)降水 (2)蚕 (3)除夜 (4)演奏 (5)誕生 (6)展覧会 (7)盛大 (8)臨時

3 (1)補給 (2)革新 (3)劇 (4)仏閣 (5)四捨 (6)将来 (7)宣言 (8)秘蔵

3ページ

1 (1)ふくしょう (2)けんあく (3)かげき (4)かんげき (5)じゅうおう (6)かんだん (7)そうぎょう (8)そうぎょう

2 (1)こてん (2)あいご (3)せいかく・けんさ (4)しかく (5)ぎじゅつ (6)せいこん (7)りゅうがく (8)いんが

3 (1)かいきょ (2)しんたい (3)きそく (4)せいけつ (5)こうぎ (6)しっそ (7)ぎょうせき (8)ていあん

4ページ

1 (1)預 (2)暮 (3)巻 (4)皿 (5)補 (6)済 (7)笛 (8)操

2 (1)延 (2)刻 (3)厳 (4)箱 (5)難 (6)忘 (7)欲 (8)治

3 (1)東 (2)奏 (3)桜・梅 (4)垂 (5)染 (6)興 (7)危 (8)探

5ページ

1 (1)冫 (2)木 (3)言 (4)ネ (5)扌 (6)隹 (7)阝 (8)灬

2 (1)14・もんがまえ (2)11・あくび (3)12・おおがい (4)10・そうにょう (5)9・けものへん (6)18・ふるとり (7)10・こざとへん

3 (1)①コウ ②かねへん ③十六
(2)十

チェックポイント 1 (1)にすい、(2)き、(3)ごんべん、(4)ころもへん、(5)てへん、(6)ふるとり、(7)こざとへん、(8)れんが(れっか)が、それぞれの部首名です。

6ページ

1 (1)附…オ 付…ア
(2)(例)防・限・院・陸

2 (1)ア (2)オ (3)カ (4)エ

3 (1)ノ ナ 𠂇 冇 有 有
(2)、 亠 亍 方
(3)丨 冂 冃 冃 冄 冊 囲
(4)、 丷 宀 安 安 安
(5)ノ 亻 仁 仃 何 何 何

4 (1)えんにょう (2)れんが(れっか)

7ページ

1 (1)オ (2)エ (3)ア (4)ウ (5)イ

2 (1)エ (2)オ (3)カ (4)イ (5)ウ

3 (1)四 (2)四

4 (1)カ (2)サ (3)イ (4)オ (5)ケ

チェックポイント 2 (1)「席」は10画、(2)「園」は13画、(3)「尊」は12画、(4)「昼」は9画、(5)「進」は11画です。

8ページ

1 ①ウ・ケ ②オ・ク ③イ・カ
④エ・コ ⑤ア・キ

2 (1)9 (2)4 (3)6 (4)3 (5)8 (6)9

3 (1)10 (2)11 (3)8 (4)12

4 (1)背・はい(せ) (2)念・ねん
(3)際・さい(きわ) (4)横・おう(よこ)

9ページ

1 (1)きゃく・かく (2)しゅう・そう
(3)べん・びん (4)しち・しつ
(5)そう・しょう (6)く・きょう
(7)じき・ちょく (8)か・げ
(9)そん・ぞん (10)ぼ・も

2 (1)やわ・なご (2)すぐ・やさ
(3)はぶ・かえり (4)おごそ・きび
(5)あらわ・いちじる (6)つ・き
(7)ただ・なお (8)こころ・ため
(9)あか・あ

3 (1)し・こころざ (2)えい・うつ
(3)らん・みだ (4)きょ・ゆる
(5)じ(し)・しめ (6)そく・た
(7)よ・あま (8)じ(ち)・なお

10ページ

1 (1)ア (2)イ (3)エ (4)ア (5)ウ (6)エ
(7)ウ (8)ア

2 (1)ウ (2)エ (3)ア (4)イ (5)ア (6)ア
(7)ウ (8)ウ (9)エ (10)ア (11)エ (12)エ
(13)ウ

3 (1)ウ (2)ア(ウ) (3)ア (4)ア (5)ウ
(6)イ (7)イ (8)ウ (9)ア (10)ウ (11)イ
(12)イ (13)ウ (14)ウ (15)ア

11ページ

1 (1)反・版 (2)乱・覧 (3)脳・納
(4)姿・私 (5)厳・源

2 (1)段・団・断 (2)想・走・奏

3 (1)①志 ②思 (2)①関 ②感
(3)①後 ②期

4 (1)委員・医院 (2)競争・競走

12ページ

1 (1)開花・開化 (2)関心・寒心
(3)細心・最新 (4)両親・良心
(5)満天・満点

2 (1)解・回(解)・会(回・快)
(2)家・過(課)・仮

3 (1)①検討 ②見当 (2)①意志 ②医師
(3)①機関 ②期間

4 (1)最高・採光 (2)公開・航海

チェックポイント 3 (1)「検討」はいろいろな面からよく研究することです。「見当」はこうなるだろうという見込みです。

13ページ

1 (1)①正確 ②性格 (2)①伝統 ②電灯
(3)①機会 ②機械 (4)①自己 ②事故

2 (1)ウ (2)イ (3)ア (4)イ (5)ウ (6)ア

3 (1)競走・競争 (2)衆知(智)・周知
(3)気候・紀行 (4)移動・異動

チェックポイント 3 (2)「衆知(智)」は多くの人々の知恵です。「周知」は広く知れ渡っていることです。

14ページ

1 (1)改修・回収 (2)要領・容量
(3)解放・開放 (4)自制(自省)・自生
(5)気象・気性 (6)適性・適正
(7)航海・公開 (8)収拾・収集

2 (1)規則・側面・測定 (2)探求・救命・野球
(3)責任・体積・成績 (4)加工・公私・功労

15ページ

1 (1)ウ (2)ア (3)ウ

2 (1)ウ (2)ウ (3)ア (4)イ

3 (1)完成 (2)感性 (3)時季 (4)時期

チェックポイント 2 (1)は、永世中立、人工衛星、衛星都市 (2)は、交換、交歓、好感 (3)は、制限、制度、制服 (4)は、行程(工程)、校庭、高低。

16ページ

1 (1)①解放 ②開放 ③快方
(2)①対称 ②対照 ③隊商
(3)①反省 ②半生

2 (1)改正 (2)無上 (3)反面 (4)完治
(5)器械 (6)創意 (7)功名 (8)習得

3 (1)保証・保障 (2)観賞・感傷

チェックポイント 3 「保証」は、だいじょうぶとうけあうこと、「保障」は、危害がおよばないようにまもること。「補償」は、損害などをつぐなうこと。問題にはないが、漢字は、同音や同訓が多いため、その正確な使い分けが学習の要点となります。

17ページ

1 (1)あ (2)あ (3)あ (4)さ (5)さ (6)なお
(7)なお (8)なお (9)い (10)い (11)い

2 (1)あつ (2)あつ (3)あつ (4)はや
(5)はや (6)よ (7)よ (8)まち・まち

3 (1)合・会 (2)帰・返 (3)挙・上
(4)説・解 (5)誤・謝

チェックポイント 3 (1)「合う」は二つ以上のものが一致することです。「会う」は人が顔をあわせることです。

18ページ

1 (1)暖・温 (2)作・造 (3)済・住
(4)飼・買 (5)敗・破 (6)周・回
(7)差・指 (8)鳴・泣

2 (1)①納 ②治 (2)①務 ②努
(3)①移 ②写

19ページ

1 (1)表・面 (2)降・下 (3)返・帰
(4)明・赤 (5)形・型 (6)勤・務
(7)聞・効 (8)下・提 (9)覚・冷
(10)折・織

2 (1)良・善 (2)起・興 (3)収・納・治・修
(4)追・負

20ページ

1 (1)現・表・著 (2)痛・傷 (3)打・討
(4)写・映・移 (5)生・産

2 (1)建・絶 (2)分・別 (3)丸・円
(4)振・奮

3 (1)計・量・測 (2)整・調

21ページ

1 (1)イ (2)キ (3)カ (4)エ (5)ア (6)オ
(7)イ (8)エ (9)ウ (10)ウ

2 (1)オ (2)ア (3)カ (4)キ (5)エ (6)イ
(7)ア (8)オ

3 (1)無 (2)不 (3)未 (4)無 (5)不

22ページ

1 (1)化(的) (2)然 (3)性(化) (4)化 (5)的
(6)性 (7)然 (8)的

2 (1)生 (2)質 (3)題 (4)料 (5)貨
(6)体(両など) (7)会 (8)長 (9)期
(10)界(度など)

3 (1)ウ (2)キ (3)キ (4)ア (5)エ (6)ウ
(7)オ (8)エ (9)ア (10)イ (11)カ (12)イ

23ページ

1 (1)不 (2)非 (3)不 (4)不 (5)無 (6)不
(7)無 (8)不 (9)非 (10)無

2 (1)ア (2)ウ (3)ア (4)イ (5)イ (6)ア
(7)ウ (8)ウ

3 (1)ア (2)ウ (3)イ (4)ウ (5)イ (6)イ

24ページ

1 (1)エ・コ (2)キ・ク (3)ア・ケ
(4)イ・オ (5)ウ・カ

2 (1)不 (2)未 (3)不(無) (4)非 (5)不
(6)非 (7)未 (8)無

3 (1)エ (2)ウ (3)イ (4)ウ (5)エ (6)ア
(7)ア (8)イ

4 (1)性 (2)然 (3)性 (4)的

> **チェックポイント** **4**「～然」は「～様子」という意味の熟語になります。「～性」は「～の性質」という意味の熟語になります。「～的」は「～のようだ」という意味の熟語になります。

25ページ

1 (1)悪 (2)買 (3)楽 (4)復(来) (5)死 (6)静 (7)満 (8)亡 (9)降 (10)敗(負)

2 (1)朝 (2)進 (3)主 (4)集 (5)新 (6)取 (7)長 (8)前 (9)損 (10)加(増)

3 ①↔② ③↔⑨ ④↔⑫ ⑤↔⑧ ⑥↔⑩ ⑪↔⑭ (順不同)

4 (1)美点 (2)親切 (3)方法 (4)応答 (5)不安

26ページ

1 師弟・取捨・損得・新旧・善悪・高低・天地・縦横・呼吸・収支 (順不同)

2 (1)ぜんい (2)きけん (3)えんちょう (4)かくだい (5)ひみつ

3 (1)禁 (2)賛 (3)退 (4)結

4 (1)未 (2)非 (3)不(未) (4)未 (5)非 (6)不 (7)不 (8)非(無) (9)非(未) (10)不 (11)不(無) (12)非

27ページ

1 (1)孫・祖 (2)和・戦 (3)易・困(至) (4)利・敗 (5)合・解 (6)功・失

2 (1)好評 (2)可決 (3)消費 (4)停止 (5)苦手

3 (1)善 (2)心 (3)実 (4)化 (5)久 (6)要

4 (1)軽い (2)忘れる (3)減らす (4)興る(栄える) (5)終わる (6)散る (7)閉じる(閉まる) (8)少ない

28ページ

1 ③・⑤・⑥・⑩・⑬・⑮・⑯ (順不同)

2 (1)不 (2)無 (3)非 (4)不(未) (5)未 (6)非 (7)無 (8)不 (9)不 (10)非

3 (1)自・じた (2)売・ばいばい (3)難・なんい (4)白・こくびゃく (5)軽・けいちょう(けいじゅう) (6)進・しんたい

> **チェックポイント** 対義語・類義語で特に注意して覚えておきたいのは、熟語で、さらに熟語を作っている漢字が二字とも異なっているものです。たとえば「成功」と「失敗」のようなものです。これらは一つ一つ暗記することが大切です。

4 ①↔⑤ ②↔⑥ ④↔⑦ ⑧↔⑨ (順不同)

29ページ

1 (1)イ (2)オ (3)エ (4)ウ (5)ア

2 (1)イ (2)ア (3)ウ (4)ア

3 (1)ウ (2)オ (3)イ (4)ア (5)エ (6)カ (7)キ

30ページ

1 (1)千 (2)百 (3)三 (4)一 (5)一

2 (1)エ (2)ウ (3)オ (4)ク

3 (1)目 (2)耳 (3)歯 (4)口 (5)足

4 (1)イ (2)エ

> **チェックポイント** **1**(2)「五十歩百歩」は、中国に伝わる昔のできごとからできた言葉です。このようにしてできた言葉を故事成語といいます。たとえば「矛盾」「蛇足」「呉越同舟」「他山の石」などです。

31ページ

1 (1)足 (2)手 (3)歯 (4)足 (5)目 (6)耳 (7)首 (8)口 (9)鼻 (10)手

2 (1)キ (2)カ (3)ア (4)オ (5)ウ (6)エ

3 (1)オ (2)エ (3)ウ (4)イ (5)ア

32ページ

1 (1)手 (2)足 (3)舌 (4)目 (5)目 (6)鼻

(7)歯　(8)首　(9)首　(10)口

2 (1)カ　(2)エ　(3)イ

3 (1)ウ　(2)イ

33ページ

1 (1)ス　(2)コ　(3)キ　(4)イ　(5)エ

2 (1)すずめ　(2)牛　(3)はち　(4)きつね

(5)こうもり　(6)馬　(7)かめ　(8)魚《うお》

(9)あり　(10)おおかみ

34ページ

1 (1)エ　(2)ア

2 (1)耳　(2)足　(3)胸　(4)腹　(5)鼻　(6)手

3 (1)コ　(2)キ　(3)ア　(4)ケ　(5)ク

チェックポイント　会話や文章などで的確に使いこなせば、表現を豊かにするのが慣用句・ことわざです。それだけに、意味や使い方を正確におさえておく必要があります。それは、日常よく耳にするうちに意味をとりちがえて覚えてしまうことが多いからです。

35ページ

1 (1)①エ　②ア　③ウ　④イ

(2)①エ　②ウ　③イ　④ア

2 (1)頭　(2)単　(3)欠　(4)長　(5)道　(6)常

(7)聞　(8)算

---

3 (1)引水・がでんいんすい

(2)実行・ふげんじっこう

(3)自在・じゆうじざい

(4)五入・ししゃごにゅう

(5)絶命・ぜったいぜつめい

(6)両得・いっきょりょうとく

チェックポイント　四字熟語は、1のように日常的に目にする漢字や熟語を組み合わせてできたもの以外に、2・3のように日常的に目にしない漢字や熟語の組み合わせ、あるいは故事成語であるものがあります。2・3のようなものの意味は、暗記して身につけるようにします。

36ページ

1 (1)百・百　(2)千・万　(3)七・八　(4)九・一

(5)三・四

2 (1)絶　(2)再　(3)心　(4)自　(5)往

3 (1)牛　(2)馬　(3)鳥　(4)羊　(5)馬

4 ア・エ（順不同）

37ページ

1 (1)はんしんはんぎ

(2)ばじとうふう

(3)りんきおうへん

(4)せいてんはくじつ

---

(5)おんこちしん

2 (1)自・自　(2)大・小　(3)電・石

(4)有・無　(5)悪・苦

3 (1)三・四　(2)千・万　(3)一・千　(4)三・九

(5)一・千　(6)一・二　(7)一・一　(8)四・八

(9)千・万　(10)一・千

38ページ

1 (1)耕・雨・オ　(2)前・代・ア

(3)口・音・エ　(4)単・直・イ

(5)伝・心・ウ

2 (1)イ　(2)ア　(3)エ

3 (1)異　(2)疑　(3)報

39ページ

1 (1)口(いくどうおん)

(2)進(にっしんげっぽ)

(3)肉(じゃくにくきょうしょく)

(4)回(きしかいせい)

(5)材(てきざいてきしょ)

(6)海(うみせんやません)

(7)晩(たいきばんせい)

2 鳥・二（順不同）

3 (1)単　(2)易　(3)息　(4)鳴　(5)博覧(聞)

4 (1)右・左　(2)前・後　(3)小・大

(4)晴・雨

チェックポイント　**2**でできる四字熟語は、「一日千秋」「温故知新」「前代未聞」「七転八倒」となります。**3**(2)「不易流行」は、「不易」（いつまでもすたれず変わらないこと）と「流行」（一時的に広くさかんに行われること）を組み合わせた四字熟語です。「不易流行」という一語で、松尾芭蕉《まつおばしょう》の俳諧の理念の一つを言い表す言葉となります。(3)「無病息災」は病気をせず健康であることを意味します。(4)「百家争鳴」は多くの人が自由に意見を言って話をするという意味です。(5)「博覧強記」は広く本を読み、いろいろなことをよく知っているという意味です。

40ページ

1 (1)我田引水　(2)起死回生　(3)前代未聞
(4)公明正大　(5)一期一会

2 (1)変　(2)月　(3)無

3 (1)温故知新　(2)異口同音　(3)用意周到

41ページ

1 (1)かえり　(2)いさぎよ　(3)いんそつ
(4)そうさ　(5)きちょうひん
(6)しょうじん　(7)こんりゅう　(8)もめん
(9)かくさく　(10)かんしょう

2 (1)かま　(2)きょか　(3)けわ　(4)くふう
(5)そな　(6)かわしも　(7)てんねん
(8)はず　(9)しゅつどひん　(10)ささ

42ページ

1 (1)そうさ　(2)ひょうり　(3)ぶんかつ
(4)しゅうねん　(5)とうと（たっと）
(6)ひっし　(7)ぼけつ　(8)ほうおう

2 (1)す　(2)は　(3)はず　(4)きそ　(5)あやま
(6)そむ　(7)おとず

3 (1)しきゅう　(2)いっさい　(3)ほが
(4)ぶなん　(5)さぐ　(6)ほうい

4 (1)すす　(2)うやま　(3)がた　(4)さば

43ページ

1 (1)くだもの　(2)そ　(3)つと
(4)じゅうれつ　(5)はぶ

2 (1)こだち　(2)おが　(3)しゅうにん　(4)そ
(5)むぞうさ　(6)あやま　(7)ゆらい
(8)うおうさおう

3 (1)かんしん　(2)けびょう　(3)くとうてん
(4)いさぎよ　(5)ぶしょう　(6)りこてき
(7)みずか　(8)きせいきゃく・まんいん

4 (1)ていさい　(2)おかん　(3)いと

44ページ

1 (1)いた　(2)くちょう　(3)ごうじょう
(4)なっとく　(5)けわ　(6)そっせん
(7)つい　(8)さば　(9)はず　(10)ふなちん
(11)きゅういん

2 (1)①ととの　②調整　(2)①さが　②探求
(3)①はか　②意図
(4)①あば　②暴落（暴騰）
(5)①にな　②負担（分担）
(6)①ひき　②率直　(7)①つ　②成就

45ページ

1 (1)**エ**・ようさん　(2)**イ**・じょがい
(3)**ウ**・じゅんぱく　(4)**ア**・しんたい
(5)**オ**・ひばん　(6)**ア**・ここん（こきん）
(7)**イ**・てっこう　(8)**ウ**・ねっぷう
(9)**オ**・みかん　(10)**エ**・のうぜい

2 (1)〔最多〕築・ちく・きず（く）
〔最少〕望・ぼう（もう）・のぞ（む）
(2)①くとうてん　②ちゅうもく

3 (1)もう　(2)と　(3)さ　(4)かえり
(5)ことわ　(6)あ

チェックポイント　**2**画数を数えるとき、石の石、力の力、糸の糸など、一画で書くところに気をつけます。

46ページ

1 (1)創　(2)過　(3)設

2 (1)とうじ　(2)けはい　(3)しそん　(4)つと
(5)むく

3 (1)ふぜい　(2)とお　(3)こおり

(4)かなもの　(5)かいが

4 (1)ちあん　(2)たんもの　(3)つごう
(4)ほっきにん　(5)じょうぎ　(6)ころ

5 (1)もう　(2)いと　(3)ごうじょう
(4)むごん　(5)てんねん　(6)えがお

47ページ

1 (1)とういつ　(2)しさつ　(3)かつあい
(4)いた　(5)ぞうきばやし　(6)おごそ
(7)さば　(8)とうばく　(9)かたん
(10)つくえ　(11)そな　(12)たいよ
(13)こくそう　(14)しゅう　(15)さ

2 (1)いちじる　(2)きそ

48ページ

1 (1)しゅくしゃく　(2)せいどう
(3)おうらい　(4)ずじょう　(5)ぶんぷ

2 (1)そそ　(2)ふる　(3)あんぴ　(4)こがい

3 (1)げんじゅう　(2)そな　(3)しきゅう
(4)ふたん　(5)たず

4 (1)ぎょうそう　(2)えんどう　(3)せ

49ページ

1 (1)かんぱ　(2)ごくぼそ　(3)じょうせき
(4)ふきょう　(5)かせん　(6)だんかい
(7)いっつい　(8)ほぞん　(9)もよ　(10)も

2 (1)あまだ　(2)ほうふ　(3)たがや
(4)さほう　(5)きざ　(6)うやま
(7)きちょう　(8)ごんごうだん

3 (1)むしゃ　(2)えて　(3)ほうべん
(4)よそお　(5)あきな

50ページ

1 (1)かま　(2)そ　(3)じょげん
(4)かんちょう　(5)ふんべつ

2 (1)こうさん　(2)しょち

3 (1)もと　(2)じゃり　(3)そっせん　(4)むく
(5)し

4 (1)あらわ　(2)お　(3)とうと　(4)ば

51ページ

1 (1)暑・厚　(2)災・妻

2 (1)拾　(2)底　(3)寒　(4)最初　(5)禁止
(6)才能　(7)鼻　(8)営

3 (1)街道・ウ　(2)出荷・エ　(3)飲食・イ
(4)寒暖・ア

4 (1)貴重　(2)報

52ページ

1 (1)転　(2)職業　(3)害毒　(4)風雪　(5)意外

2 (1)提　(2)勢　(3)射　(4)酸　(5)着　(6)割
(7)覚　(8)商　(9)反　(10)対照　(11)優先
(12)版画　(13)専門　(14)納得　(15)計略
(16)無心

53ページ

1 (1)干潮　(2)貿易　(3)修復

2 (1)健　(2)授　(3)救急　(4)敗

3 (1)対　(2)率　(3)績　(4)孝　(5)標

4 (1)招く　(2)天災　(3)異様　(4)険しい

54ページ

1 (1)印象　(2)逆転　(3)招待　(4)討議
(5)至難　(6)郵便　(7)保証　(8)暑　(9)副
(10)故障

2 (1)頂　(2)効　(3)裁　(4)図　(5)暖

55ページ

1 (1)修　(2)複雑　(3)意義　(4)減少　(5)高価

2 (1)済　(2)展示　(3)知識　(4)補

3 (1)確信　(2)過程　(3)異論

4 (1)視野　(2)予備　(3)関心　(4)責
(5)入場券

56ページ

1 (1)確　(2)折　(3)風景　(4)習慣　(5)関心

2 (1)決→結　(2)示→次　(3)○　(4)対→体
(5)個→己　(6)住→往　(7)間→刊

3 (1)快適　(2)改良　(3)経営　(4)危険

チェックポイント **2** (1)・(4)・(7)などは、いずれも、意味上の連想からまちがえやすいものです。絶体絶命は、「体も命も絶えるような」という意味をふくみます。

57ページ

1 (1)済 (2)浴 (3)敬 (4)油断 (5)究 (6)精
(7)険 (8)訪 (9)奮 (10)非 (11)反 (12)貴重

2 (1)信用 (2)定期券 (3)能率 (4)費 (5)酸
(6)尊敬 (7)深刻 (8)芽

58ページ

1 (1)蒸気 (2)勤 (3)閉 (4)興奮 (5)唱
(6)名残 (7)相棒

2 (1)倹→剣 (2)感→関 (3)従→縦
(4)見当→検討

3 (1)冬至 (2)兆 (3)羽化

59ページ

1 (1)快方 (2)牧歌 (3)沿岸 (4)遊覧
(5)無二 (6)潮時 (7)創始 (8)祝賀

2 (1)資格 (2)縮 (3)危険 (4)指揮
(5)裁判所 (6)混乱

3 (1)直ちに (2)途絶える (3)足早 (4)営む
(5)志す (6)計らう

60ページ

1 (1)負担 (2)専門 (3)批評 (4)表裏
(5)痛快 (6)朗らか (7)著しい (8)留める

2 (1)卒業式 (2)述 (3)勇気 (4)移転
(5)高級 (6)有益 (7)救助 (8)順序
(9)操作 (10)衣服

61ページ

1 (1)かくじつ (2)はつが (3)かせん
(4)ゆだん (5)るす (6)きょうめい
(7)はそん (8)ゆうえき (9)ついか

2 (1)基地 (2)構造 (3)肥料 (4)消息・絶
(5)潔・白状

3 (1)①細 ②際 ③才 ④災 ⑤採 ⑥妻
(2)①冬 ②党 ③統 ④登 ⑤答 ⑥討

4 (1)ク (2)ア (3)カ (4)エ (5)キ (6)コ

62ページ

1 (1)①専門 ②天文
(2)①復習 ②複雑 ③幸福

2 (1)13・ク (2)11・キ (3)5・ウ
(4)13・エ

3 (1)イ (2)ウ (3)ア (4)ウ (5)ア (6)ウ

63ページ

1 (1)そ (2)した (3)は (4)あ (5)まか
(6)やさ (7)そな (8)の

2 (1)①形 ②経 ③型 ④系 ⑤計 ⑥境
⑦景 ⑧敬 ⑨軽
(2)①刊 ②管 ③完 ④看 ⑤官

3 (1)営 (2)快 (3)率 (4)退 (5)耕 (6)呼
(7)忘 (8)従

4 (1)きへん (2)さんずい (3)いとへん
(4)りっしんべん (5)くるまへん
(6)くさかんむり

64ページ

1 (1)イ (2)エ (3)ウ (4)ア (5)オ

2 (1)ウ・カ (2)イ・キ (3)エ・ク
(4)オ・コ (5)ア・ケ

3 (1)ク (2)サ (3)キ (4)イ (5)コ (6)カ
(7)シ (8)エ (9)ア (10)ケ (11)オ (12)ウ

65ページ

1 (1)習性・修正 (2)説・解 (3)寒帯・観客
(4)参政・酸性

2 (1)庫・洋 (2)有・右 (3)衆・楽
(4)毎・船

3 (1)練 (2)救護 (3)取捨 (4)目下 (5)並木
(6)簡素 (7)工面 (8)親身 (9)重荷
(10)承知

66ページ

1 (1)リョク・体力(協力、努力など)、リキ・力士(自力、力走など)
(2)ゲン・元気(紀元・復元など)、ガン・元日(元祖・元年など)
(3)モ・模型(模様など)、ボ・規模
(4)ダイ・大学(大地、大名など)、タイ・大陸(大漁、大会など)

2 (1)修理(修復、修繕) (2)保管 (3)危険

3 (1)染 (2)期 (3)奏 (4)吸 (5)化 (6)幼

67ページ

1 (1)採決 (2)観賞 (3)保証 (4)感傷
(5)保障

2 (1)短歌 (2)読書 (3)男女 (4)市立
(5)学習

3 ①訪 ②景勝 ③街 ④浴 ⑤旅路

68ページ

1 (1)エ (2)オ (3)イ (4)ア (5)ウ

2 (1)人・食(貨など) (2)成・結
(3)人・字(本など) (4)客・週(月など)

3 (1)そんがい (2)ふくさよう (3)すこ
(4)おぎな (5)印刷 (6)編集 (7)投票
(8)届

69ページ

1 (1)粉 (2)然 (3)穀 (4)公 (5)改

2 (1)幕 (2)囲 (3)垂

3 (1)長 (2)進 (3)尊

4 (1)論 (2)背 (3)一挙 (4)一退

70ページ

1 (1)健 (2)暖 (3)福 (4)焼 (5)倉 (6)画
(7)童 (8)易

2 (1)魚→漁 (2)以→意 (3)○ (4)貸→借
(5)積→績

3 (1)A雪(雨) B色 (2)A真 B目

メモ